Kemper | The Beatles

Reclam Sachbuch

Peter Kemper

The Beatles

Mit 10 Abbildungen

Reclam

RECLAMS UNIVERSAL-BIBLIOTHEK Nr. 19052

Umschlagabbildung: Michael Ochs Archives / Getty Images
Gestaltung: Cornelia Feyll, Friedrich Forssman
Gesamtherstellung: Reclam, Ditzingen. Printed in Germany 2013
RECLAM, UNIVERSAL-BIBLIOTHEK und
RECLAMS UNIVERSAL-BIBLIOTHEK sind eingetragene
Marken der Philipp Reclam jun. GmbH & Co. KG, Stuttgart
ISBN 978-3-15-019052-4

Auch als E-Book erhältlich

www.reclam.de

Inhalt

Der König ist tot, lang lebe der König

Am 27. August 1965 – es war ein Freitag – kam es in Kalifornien zu einer historischen Begegnung. Die Beatles, die ihre zweite US-Tournee gerade mit einem spektakulären Konzert im New Yorker Shea Stadium vor der damals unvorstellbaren Menge von 55 600 Zuschauern eröffnet hatten, trafen endlich ihr Idol Elvis Presley in seinem Haus in Bel Air. Mit seinem Hit ›Heartbreak Hotel‹ hatte Elvis neun Jahre zuvor nicht nur Paul McCartney nachhaltig beeindruckt: »Wenn Elvis nicht gewesen wäre, hätte es die Beatles nicht gegeben«, gestand John Lennon später. Doch auch der damals berühmteste Rock'n'Roll-Sänger der Welt war von der kometenhaften Karriere der ›Fab Four‹ beeindruckt. Anlässlich ihres ersten US-Auftritts in der Ed-Sullivan-Show am 9. Februar 1964 schickte er ihnen durch seinen Manager Colonel Parker ein Grußtelegramm.

Mehr als ein Jahr lang hatten der Beatles-Manager Brian Epstein und Parker diskutiert, wie sie ihre Schützlinge für ein zwangloses Treffen zusammenbringen könnten, ohne das Prestige ihrer Megastars – beide Manager wachten eifersüchtig darüber – aufs Spiel zu setzen. Paul McCartney erinnert sich: »Wir glaubten damals, dass wir vielleicht eine gewisse Bedrohung für Elvis und seinen Manager darstellten – was wir letztendlich ja auch taten!« Als die Beatles dann den ›King‹ persönlich in seinem schlossähnlichen Haus, 565 Perugia Way, trafen – »es wirkte auf mich wie ein riesiger Nightclub« (John Lennon) –, machte sich zunächst einmal Verlegenheit breit. Elvis, der gerade angefangen hatte, Bassgitarre zu lernen, langweilte die Gäste zunächst, auf einem riesigen hellen Sofa sitzend, durch

Fingerübungen auf seinem weißen »Fender Precision Bass«, bevor er zur Fernbedienung seines Farbfernsehers wechselte und damit herumspielte – damals eine luxuriöse Rarität. Nach ein wenig befangener Konversation lud er die Beatles zu einer spontanen Jam-Session ein. Man sang gemeinsam ›You're My World‹, wechselte zu ›That's All Right (Mama)‹ und ›Blue Suede Shoes‹, von Paul am Piano begleitet. Die ausgelassene Sing-along-Session fand dann mit ›I Feel Fine‹ ihren Abschluss. In dem anschließenden Gespräch über Songwriting, Filme und Tourneen sagte Lennon zu Elvis: »Wenn die Fans dich im Konzert umlagern, stehst du ihnen allein gegenüber. Wir dagegen sind vier gegen den Rest der Welt und können uns gegenseitig unterstützen.« Nach dieser Bemerkung soll Elvis sehr nachdenklich geworden sein. Ein leichter Missklang begleitete den Rest des Abends und verflüchtigte sich auch nicht, als Lennon beim Abschied leicht ironisch rief: »Sanks for ze music, long live the King!« Trotz aller bemühten Freundlichkeit waren die Beatles von ihrem Idol ein wenig enttäuscht. Zu groß war die Kluft zwischen der uninspirierten Normalität des Privatmanns Elvis Presley und dem charismatischen Bühnenperformer Elvis.

Vollends ernüchtert reagierten die Beatles, als sie Jahre später erfuhren, dass Elvis damals mit seinen engen Kontakten zum FBI versucht hatte, die Beatles aus Amerika verbannen zu lassen. McCartney erklärte: »Ich habe diese berühmten Nixon-Abschriften gesehen, in denen Elvis tatsächlich versucht, uns zu verpfeifen – die Beatles! Ausgerechnet zu Nixon sagte er: ›Also Sir, diese Beatles, die sind sehr unamerikanisch und nehmen Drogen.‹ Der größte Witz war, dass wir zwar Drogen nahmen, aber was tat er? Ihn erwischte man vollgepumpt damit auf einer Toilette! Das war zwar traurig, aber ich mag Elvis noch immer, besonders in seiner frühen Phase.«

Schon im Jahr zuvor, während ihrer ersten US-Tournee, war es zu einem folgenreichen Treffen der Beatles mit einer Frontfigur der aufbrechenden Popkultur gekommen. Auch hier spielten Drogen eine nicht unerhebliche Rolle. Bob Dylan, der die Beatles mit seinen metaphorischen Zeilen aus ›Blowin' in the Wind‹ fasziniert hatte, besuchte die Gruppe 1964 im New Yorker Delmonico Hotel. Ein produktives Missverständnis sollte das Songwriting von Lennon/McCartney nachhaltig verändern. Denn Dylan ging wie selbstverständlich davon aus, dass die Beatles – wie er selbst damals – Marihuana rauchen würden. Als sie ihm jedoch erklärten, das Zeug noch nie probiert zu haben, verwies Dylan konsterniert auf eine Textzeile in ihrer Hitsingle ›I Want to Hold Your Hand‹. ›His Bobness‹ hatte das Liebeslied aufgrund des Satzes »I get high« als Drogensong missverstanden. Doch Lennon erklärte ihm ungerührt, es heiße dort »I can't hide«. Um die Situation zu entspannen, drehte Dylan ein paar Joints und ließ sie kreisen. Lennon später: »Er dachte, wir seien an Drogen gewöhnt. Wir rauchten und lachten die ganze Nacht. Bob nahm ständig unser Telefon ab und meldete sich mit: ›Hallo, hier Beatlemania.‹ Es war ein einziger Joke.« So wie Dylan die Beatles dazu brachte, in der Folgezeit Songs unter Marihuana-Einfluss zu schreiben, so wurde er selbst von den Beatles animiert, seine akustische bald gegen eine elektrische Gitarre einzutauschen.

Elvis, Dylan, The Beatles – war der erste schon lange vor dem Liverpooler Quartett eine Rock-'n'-Roll-Ikone und galt Bob Dylan lange vor den Beatles als visionärer Poet, so bildeten die ›Fab Four‹ doch eine Band und lieferten für Millionen von Jugendlichen ein revolutionäres Rollenmodell. Sie waren die Prototypen der ›Do-it-yourself-Rocker‹: Wenn du schon nicht singen kannst wie Elvis (und auch nicht so gut aussiehst) oder dichten wie Dylan, dann kannst du wenigstens mit Freunden eine Band gründen, dir eine dieser wundervollen elektrischen Gitarren schnappen und eigene Songs schreiben und spielen. Du kannst dich dadurch selbst erfinden! Keine andere Band symbolisierte diese jugendliche Energie des »self empowerment« so nachdrücklich wie die vier Liverpooler. Wirkte Elvis vom Kinn abwärts mit seinen provozierenden Beckenschwüngen als Rebell, war Dylan vom Kinn aufwärts mit der intellektuellen Brillanz seiner Songs ein Revolutionär, so vereinigten die Beatles »body, brain and soul«. Elvis wusste wahrscheinlich nie genau, warum er sich so provozierend bewegte, wie er es tat. Dylan fühlte sich zunächst als Traditionalist und war musikalisch der amerikanischen Folk-Vergangenheit verpflichtet. Die Beatles aber besaßen gleich ihren unerhörten Beat und sorgten für einen elektrischen Funkenflug, der bei Jugendlichen unmittelbar einen Flächenbrand der Gefühle auslöste. Ihr triumphierender »Yeah, Yeah, Yeah«-Hedonismus erschütterte nicht nur das britische Königreich in seinen Grundfesten, er traf ins Herz einer sich weltweit formierenden Jugendkultur. Der Journalist Jan Morris resümierte in der *Saturday Evening Post* vom August 1966: »England glich einer heruntergekommenen Aristokratie, ausgezehrt vom Krieg und dem Druck der Verantwortung – schon fast des Weiterlebens müde. [...] Dann kamen die

Beatles und ihre Freunde und steckten die Aristokratie in einen Minirock.« Für eine kurze, bewegte Zeit repräsentierten vier Jugendliche aus einer provinziell anmutenden, schmutzigen Stadt, die ihre besten Tage längst hinter sich zu haben schien, einen hochenergetischen Neuanfang des Lebens. In ihnen bündelten sich rückblickend die Verheißungen einer ganzen Ära: die Studentenrevolte mit ihrem Barrikadensturm, die sozialen Befreiungsbewegungen, der »Summer of Love«, Sex, Blumen, hochfliegender Idealismus und ein überwältigendes Gefühl von Grenzenlosigkeit, von erhebender Universalität.

Mit den Beatles fing letztlich alles an. Sie veränderten das Gesicht einer ganzen Generation und hatten maßgeblichen Anteil daran, dass sich populäre Musik zur Rockmusik gewandelt hat. Mögen Lieder wie ›Eleanor Rigby‹, ›Yesterday‹ oder ›Norwegian Wood‹ heute schon als Kunstmusik Bestand haben, so war ihr sozialgeschichtlicher Einfluss vor allem auf die Jugendkultur nach dem Zweiten Weltkrieg von eminenter Bedeutung. Oder, wie ihr früher Biograph Bob Wooler vermerkte: »Die Beatles explodierten geradezu in eine ermattete Umwelt hinein. Sie waren der Stoff, aus dem Schreie gemacht wurden.«

Lärm und Liebesdramen in Liverpool

Natürlich hat der Rock-'n'-Pop-Kosmos bis heute eine Menge Superstars geboren, und viele von ihnen haben mehr Platten verkauft als die Beatles in ihrer besten Zeit. Doch keine Band und kein Solokünstler hat jemals die Statur des Liverpooler Quartetts erreicht. Sie besaßen universelle Akzeptanz über alle kulturellen Grenzen hinweg und setzten einen Maßstab, an dem sich bis heute alle Nachfolger messen lassen müssen. Die Beatles wurden zu Wegbereitern jener Bewusstseinsrevolution in den westlichen Industrienationen, in deren Verlauf sich seit Mitte der 1960er Jahre die Lebens- und Kommunikationsformen aus konservativen Zwängen befreiten und für nachfolgende Generationen eine neue Freizügigkeit in den zwischenmenschlichen Beziehungen ermöglichten.

Dabei waren die Anfänge dieser vergötterten Weltbeweger alles andere als strahlend. »Es gab damals nichts Großartiges in Liverpool. Zu unserer Zeit war die Stadt sehr arm, aber zugleich sehr robust. Vielleicht hatten die Menschen dort wegen ihrer großen Sorgen einen ganz speziellen Sinn für Humor. […] Es war eine kosmopolitische Stadt, wo die Seeleute an Land gingen und die Blues- und Rock-'n'-Roll-Platten aus Amerika mitbrachten.« John Lennons Rückblick aus dem Jahr 1970 ist nüchtern und zugleich von zärtlicher Zuneigung zu seiner Heimatstadt.

Anfang des 20. Jahrhunderts stellte die Hafenstadt Liverpool einen prosperierenden Schmelztiegel verschiedenster Kulturen dar: Neben Iren und Walisern war hier die größte »Chinatown« Europas zu Hause. Die Stadt begriff sich selbstbewusst als Tor zum britischen Empire und als Brückenkopf von Irland und Amerika – hier hatte die Transatlantiklinie »Cunard« ihren Sitz. Dabei gründete der Reichtum Liverpools maßgeblich auf dem Sklavenhandel des 18. Jahrhunderts, doch inzwischen war die Stadt zum wichtigsten Umschlagplatz von Baumwolle und Textilien in England geworden. Obwohl von der feinen Londoner Gesellschaft als rückständig und bedeutungslos abgetan, hatten die Menschen an der Merseyside ein robustes Selbstbewusstsein entwickelt.

Sich selbst bezeichneten die ›Liverpudlians‹ gern als »Scousers« – nach einem deftigen Seemannsgericht namens »Lobscouse« (hierzulande als Fleisch-Gemüse-Eintopf, als ›Labskaus‹ bekannt). »Scousers besitzen einen unbändigen Lokalpatriotismus, glauben immer, gegen den Rest der Welt – vor allem gegen die Londoner – kämpfen zu müssen. Und diesen Standpunkt verteidigen sie sehr gewandt, mit ihrem Mundwerk und mit ihren Fäusten«, erklärte Bill Harry, Begründer des Musikmagazins *Mersey Beat*. Kein Wunder, dass aus Liverpool die meisten Komiker und die berühmtesten Fußball-Teams Englands stammen: »Man muss Komiker sein, um hier leben zu können«, war eine beliebte Redensart der Scousers. Als Beleg für die Selbstironie der Liverpudlians mag die Geschichte der Liver Birds dienen, die die Türme des Royal Liver Building schmücken, das gleich am Pier Head der Waterfront neben dem Cunard-Gebäude gelegen ist. Die beiden Phantasievögel, von Carl Bernard Bartels entworfen, gelten als Wahrzeichen der Stadt: Während der weibliche Vogel über den Hafen blickt, um die ankommenden Schiffe willkommen zu heißen, sieht der männliche über die Stadt, um ihre Bewohner zu schützen. Der Volksmund erzählt allerdings eine andere Geschichte: Der weibliche Vogel halte nach jungen, strammen Matrosen Ausschau, während der männliche schaue, ob die Pubs schon geöffnet haben. Im übrigen schlügen beide mythischen Vogelfiguren erst dann mit ihren Flügeln, wenn eine Jungfrau unten auf der Straße vorbeigehe.

Überlebenswichtig wurde der sarkastische Humor der »Scousers«, als die Stadt während des Zweiten Weltkriegs wegen des strategisch wichtigen Hafens zu einem Hauptangriffsziel wurde. Vor allem die ›Docklands‹, die Hafenanlagen und Landungsbrücken an der Flussmündung des ›Mersey‹ in die Irische See, lagen fast permanent unter Beschuss. Die Legende erzählt, dass John Winston Lennon – der zweite Vorname war eine patriotische Reminiszenz an den damaligen Premierminister – während eines deutschen Bombenangriffs am Abend des 9. Oktober 1940, um 6.30 Uhr im Liverpooler Oxford Street Maternity Hospital als Sohn des Handelsmatrosen Alfred Lennon und seiner Frau, der Kino-Platzanweiserin Julia Stanley (ein Joke in ihrer Heiratsurkunde von 1938, denn beide waren verrückt nach Filmen) zur Welt kam. Natürlich eignet sich diese Geschichte wunderbar zur Mythenbildung: Ein unruhiger Geist, ein Kämpfer wird geboren, während um ihn herum die Bombensplitter fliegen. Leider hat die Recherche im Archiv der Tageszeitung *Liverpool Echo* neuerdings ergeben, dass trotz der vielen Angriffe in jenem Monat am Tag von Lennons Geburt keine Bomben auf Liverpool fielen. Lennons rebellischer Impetus musste also andere Wurzeln haben.

Zunächst lebte die junge Familie zu dritt in beengten Verhältnissen in der Newcastle Road 9. Doch die Eltern trennten sich zwei Jahre später, und die Idylle zerbrach. Seine Mutter Julia hatte in dieser Zeit verschiedene Affären und gebar von einem ihrer Liebhaber ein Mädchen – John soll seine später verschollene Schwester Victoria nie zu Gesicht bekommen haben. Seinen Vater, einen unsteten Seemann irischer Abstammung, sah er in den ersten fünf Jahren nur sporadisch. Im Juni 1946 aber machte Freddie Lennon seinem Sohn ein überraschendes Angebot: Er wolle mit ihm zusammen nach Neuseeland auswandern, »mit der Absicht, nie mehr zurückzukehren«. Nach Aussagen seines Vaters war John von diesem Plan zunächst begeistert. Als im folgenden Monat überraschend seine Mutter Julia mit ihrem neuen Liebhaber auftauchte und von dem Plan erfuhr, war sie außer sich. Obwohl ihr Ehemann ihr sogleich anbot, auch sie nach Neuseeland mitzunehmen, lehnte Julia brüsk ab und forderte John auf, sich zu entscheiden: Mit wem wollte er in Zukunft zusammenleben? Nach einer dramatischen Szene, die den Fünfjährigen nachhaltig verstört haben muss, rannte John schließlich weinend seiner Mutter nach, um bei ihr zu bleiben. »Das war das letzte, was ich von ihm sah und hörte, bevor ich erfuhr, dass mein Sohn ein Beatle war«, erinnerte sich Freddie Lennon später.

Doch Julia dachte nicht daran, als treusorgende Mutter in Liverpool bei ihrem Kind zu bleiben. Sie wollte ihre – nach der endgültigen Trennung von Freddie – wiedergewonnene Freiheit auskosten und entschied, dass der kleine John am besten bei ihrer kinderlosen Schwester Mary Elizabeth, genannt Mimi, und ihrem Ehemann George Smith in der Menlove Avenue aufwachsen sollte. Im Gegenzug übernahm Julia die Rolle einer fürsorglichen, aber etwas exzentrischen Tante, die in Erziehungsfragen toleranter als Mimi war und John – vielleicht aus schlechtem Gewissen – oft verwöhnte.

In diesen familiären Wirrungen, denen der erst fünfjährige John Lennon ausgesetzt war, liegen bereits jene Motive begründet, die ihn später nach dem Ende des Beatles-Männerbundes und in der Lebensgemeinschaft mit Yoko Ono immer wieder dazu brachten, die Erinnerung an seine Mutter zu romantisieren – und gleichzeitig die Erinnerung an den Vater zu verdrängen. Dem Beatles-Biographen Hunter Davies gab Lennon bereits 1968 zu Protokoll: »Meinen Vater hatte ich bald vergessen. Es war, als wäre er tot.« Seine Mutter beschwor John dagegen in nicht enden wollenden Hymnen wie ›Julia‹, ›Mother‹ (»Mama don't go, daddy come home!«) oder ›My Mummy's Dead‹. Die beunruhigende Verbindung von Glaube und Geborgenheit, von Trost und Herkunft bleibt für Lennon bis zu seinem Tod ein bestimmendes Thema. Noch Ende 1979 bricht es sich in seiner Parodie auf den mittlerweile zum »Born Again Christian« konvertierten Bob Dylan Bahn: In ›Serve Yourself‹ singt Lennon mit beißendem Spott: »But there's something missin' in this whole bloody stew, it's your mother, your poor bloody mother.« Schon in einer Dylan-Satire aus dem Jahr zuvor heißt es: »Because I'm knockin' on heaven's door, because I'm lookin' for my Ma!«

Die verlorene Mutter – sie war und blieb das lebenslange Trauma von John Lennon. Er ging später so weit, zu behaupten: »Der einzige Grund dafür, dass ich ein Star geworden bin, liegt in der Verdrängung. Nichts hätte mich zu all dem getrieben, wenn ich ›normal‹ gewesen wäre.« Dabei war es Julia Lennon, die die musikalischen Interessen ihres Sohnes unterstützte und ihm beispielsweise einfache Banjo-Akkorde zeigte. Sie selbst galt als talentierte Sängerin, die ihr Baby oft mit einer kleinen Melodie aus dem Disney-Film *Schneewittchen und die sieben Zwerge* zum Schlafen brachte: »Want to know a secret? Promise not to tell. You are standing by a wishing well.« Kein Wunder, dass Lennon später diese Melodie mit Buddy-Holly-Harmonien kreuzte und daraus die Beatles-Nummer ›Do You Want to Know a Secret‹ machte. Wie ein Schwamm saugte der Heranwachsende alle alltagskulturellen Einflüsse auf. »Ich wurde von den unterschiedlichsten Dingen beeinflusst, sie reichen von Lewis Carroll über Oscar Wilde bis zu kleinen, frechen Jungs, die in der Nachbarschaft wohnten und schließlich im Gefängnis landeten.«

Kein Wunder, dass John während seiner Schulzeit dafür bekannt war, keiner Schlägerei aus dem Weg zu gehen. Er galt unter seinen Klassenkameraden auf der Quarry Bank Grammar School als Großmaul. »Ich war aggressiv, weil ich beliebt sein wollte. Ich fühlte mich immer als Anführer.« Obwohl er als arrogant galt, fiel John schon bald durch seinen Wortwitz auf, durch seine Cartoons, Parodien und Nonsens-Verse. In der Schule machten seine Zeichnungen und Gedichte als »The Daily Howl« die Runde. Doch schnell avancierte der Rock 'n' Roll zum Fluchtpunkt seines Lebens. Durch den Film *Blackboard Jungle* mit Bill Haleys Song ›Rock Around the Clock‹ fand die elektrisierende Synthese aus amerikanischem Pop und Rhythm 'n' Blues ihren Weg nach Großbritannien. Auch der Einfluss von Radio Luxemburg auf die musikalische Sozialisation von Lennon ist nicht zu unterschätzen. »Als sie zum ersten Mal ›Heartbreak Hotel‹ spielten, war es um mich geschehen. Es war, als wäre ein Zauberfunke übergesprungen, der uns mit einem Knall die ganze Welt eröffnete.« Erste Schallplatten von Elvis waren bald erhältlich und in ihrem Gefolge auch Aufnahmen vom ›Killer‹ Jerry Lee Lewis, Carl Perkins und nicht zuletzt von Buddy Holly – nicht zu vergessen die schwarzen Performer wie Little Richard und Chuck Berry, die den Weißen ihre Vorherrschaft im Rock 'n' Roll schon früh streitig machten.

Es ist sicherlich kein Zufall, dass das letzte öffentliche Konzert der Beatles am 29. August 1966 im »Candlestick Park« in San Francisco mit Chuck Berrys ›Rock and Roll Music‹ begann und mit Little Richards ›Long Tall Sally‹ endete. Schlagartig kurbelte der Rock 'n' Roll im England der 1950er Jahre die Nachfrage nach Gitarren an. Lennons erstes Saiteninstrument – schon mit zehn Jahren hatte er begonnen, Mundharmonika zu spielen – war eine schwarz-braune »Gallotone Champion« (mit dem Vermerk: »geht garantiert nicht kaputt«) für fünf Pfund zehn Schilling, die John sich gegen den Willen seiner Tante auf eine Zeitungsannonce hin an die Adresse seiner Mutter bestellte. Lennon erinnert sich: »Zunächst spielte ich die Gitarre wie ein Banjo, die sechste Saite war eigentlich überflüssig. Ich wollte nur Akkorde schrubben, um ein paar Songs zu begleiten.«

Nicht weit von Tante Mimis Haus ›Mendips‹ in der Liverpooler Vorstadt Woolton, in der Siedlung Allerton, wohnte noch jemand, der von Elvis Presley verhext war: James Paul McCartney (geboren am 18. Juni 1942 in Liverpool). Er wuchs behütet in einem Middle-Class-Haushalt auf, erhielt aber im Vergleich zu Lennon eine anspruchsvollere musikalische Ausbildung: Sein Vater, ein Baumwollhändler und erfolgreicher Autodidakt an Trompete und Piano, hatte in seiner Jugend die Jim Mac Jazz Band geleitet. Kein Wunder, dass in Pauls Elternhaus ein Piano stand; anfangs schenkte er ihm allerdings nicht viel Aufmerksamkeit und experimentierte lieber mit der Trompete. Er war der festen Überzeugung, er könne darauf den Oldie ›When the Saints Go Marching In‹ fehlerfrei intonieren, obwohl seine Freunde nicht einmal die Melodie erkannten. Seinen ersten musikalischen Unterricht erhielt Paul von seinem Vater: »In der Schule gab es das damals nicht, wir hatten nie Musikstunden. Am Ende lernte ich, wie mein Vater rein nach dem Gehör zu spielen.« Er wurde an – wie Paul es später ausdrückte – »sing along stuff« geschult. Dennoch blieb dem musikbegeisterten Kind eine narzisstische Kränkung nicht erspart: Im Jahr 1953 bewarb sich Paul um die Aufnahme in den renommierten Knabenchor der Liverpool Cathedral. Sie wurde mit der Begründung verweigert, seine Gesangsstimme sei nicht gut genug.

Als er dann zu seinem vierzehnten Geburtstag eine Jazztrompete bekam, versuchte er zunächst, den Helden seines Vaters nachzueifern, Jazzgrößen wie King Oliver, Louis Armstrong oder Dizzy Gillespie. Doch bei allem Übungsfleiß – Paul war nicht der geborene Improvisator. Er hatte andere musikalische Prioritäten. Neben dem amerikanischen Pop, dem McCartney nachts auf Radio Luxemburg lauschte, war es vor allem die Skiffle-Musik, die es ihm angetan hatte. Skiffle – eine hausgemachte Mischung aus Folk-Melodien, Jazz-Akkorden und Country-Blues-Songs – war in England durch Lonnie Donegans Hit-Version von

Leadbellys ›Rock Island Line‹ über Nacht populär geworden. Neben Gitarren und Banjo gehörten zu einer Skiffle-Band noch Waschbrett-Perkussion und ein Teekisten-Bass mit einer Saite, die an einem Besenstiel befestigt war. McCartney, der unbedingt Gitarre spielen wollte, litt anfangs unter seinem Linkshändertum, lernte dann aber die Grifftechnik auf einer Rechtshändergitarre. Daneben versuchte er sich monatelang an der Imitation von Little Richards Schrei-Gesang. Doch neben dem rauhen Rock 'n' Roll war Paul als Jugendlicher auch für Schnulzen wie ›White Christmas‹ oder ›Over the Rainbow‹ nicht ganz unempfänglich. Er vergötterte die Everly Brothers, nicht zuletzt wegen ihres perfekten Harmoniegesangs. Dieser sollte für die frühen Beatles modellhaft werden.

Im Alter von sechzehn Jahren gründete Lennon – für ihn war Rock 'n' Roll von Anfang an ein soziales Bindemittel – zusammen mit seinem Schulfreund Pete Shotton eine eigene Skiffle-Band. Für eine Woche nannte sie sich »The Blackjacks«, bevor man sich endgültig für »The Quarry Men« entschied – weil die meisten Bandmitglieder die Quarry Bank High School for Boys besuchten. Man spielte mit Lennon als Leadsänger und Gitarrist im Frühling 1957 auf Partys und Gemeindefesten. Weil man im Haus von Lennons Mutter Julia übte, wusste Tante Mimi nichts von den Band-Aktivitäten ihres Ziehsohnes – bis sie zufällig am 6. Juli 1957 beim Besuch des Sommerfests der St. Peter's Parish Church plötzlich – nach eigenen Worten – »einen Lärmausbruch« vernahm, hervorgerufen von ihrem John und seinen Freunden.

Auch Paul McCartney war an jenem Nachmittag mit einem Freund namens Ivan Vaughan nach Woolton auf die

Gemeindeparty gekommen. Lennon war ihm bereits vom Sehen bekannt: »John war der ortsansässige Ted. Es gab viel Aggression in Liverpool, viele Teds, und man versuchte, ihnen auszuweichen, wenn man ihnen begegnete. Wenn man wie John eher ein Einzelgänger war, musste man sich mit einer Art Schutzwall umgeben. Also ließ er sich die Koteletten wachsen, trug ein langes Jackett mit schmalem Revers, Röhrenhosen und Schuhe mit Kreppsohlen.« Bei jenem denkwürdigen Gemeindefest in Woolton im Sommer 1957 aber trat John in einem schlichten karierten Hemd und schwarzer Hose auf. Mit den Quarry Men spielte er eine Mischung aus Rock 'n' Roll und Skiffle und glänzte vor allem in einer Version des Dell-Vikings-Hits ›Come Go With Me‹. Vaughan wusste genau, dass sein Freund McCartney besser Gitarre spielte als alle Quarry Men zusammen, und stellte ihn deshalb Lennon nach dessen Auftritt vor. Der war zunächst skeptisch, doch als Paul dann als Linkshänder auf einer Rechtshändergitarre Eddie Cochrans ›Twenty Flight Rock‹ und Gene Vincents ›Be-Bop-A-Lula‹ spielte und dazu noch die kompletten Texte konnte, war Lennon klar: Obwohl er besser ist als ich, brauchen die Quarry Men ihn, um selbst besser zu werden.

Am 18. Oktober 1957 gab McCartney sein Debüt mit der Band am Broadway – in Liverpool. Von Anfang an sparte Paul nicht mit Kritik an den technischen Fähigkeiten seiner Mitmusiker. Während Lennon mehr instinktiv spielte, war McCartney ein Perfektionist, der genaue Vorstellungen davon hatte, wie etwas am Ende klingen sollte. Paul hatte inzwischen seine Trompete gegen eine akustische Archtop mit F-Löchern eingetauscht: das »Zenith Modell

17«. Weil er als einziger in der Band eine Gitarre stimmen konnte und auch ›richtige‹ Gitarrengriffe kannte, zog sich Lennon aus seiner bisherigen Rolle als Leadgitarrist zurück. Doch auch Paul hatte seine Probleme: »Bei meinem ersten Auftritt sollte ich in ›Guitar Boogie Shuffle‹ das Gitarrensolo übernehmen. Bei den Proben konnte ich es auch problemlos spielen, aber als es dann beim Auftritt so weit war, wollten meine Finger nicht. Ich hatte einfach zu viel Angst. Der Moment, in dem alle auf den Gitarristen starren, war zu viel für mich.« Im Jahr 1958, nach diversen Besetzungsänderungen, spielten die Quarry Men kaum noch Skiffle, dafür umso mehr Rock 'n' Roll. Weil aber der Gitarrist Eric Griffith und Len Garry am Bass damit nicht viel anfangen konnten und beide schließlich die Gruppe verließen, brachte McCartney eines Tages einen weiteren Gitarristen zur wöchentlichen Probe mit: George Harrison (geboren am 25. Februar 1943 in Liverpool) schien von den sechs Saiten besessen.

Bereits mit dreizehn Jahren war der Sohn eines Busfahrers dem Griffbrett erlegen und übte sich auf einer »Egmond«-Flattop-Gitarre für zwei Pfund fünfzig die Finger blutig. Jedenfalls beeindruckte er McCartney und Lennon beim Vorspielen durch seine Instrumentalversion von ›Raunchy‹ – einem Lieblingsstück von Lennon. Dazu kam das markante »Teddy Boy«-Outfit von Harrison. Inzwischen war George auf eine in Deutschland gebaute »Höfner«-Gitarre namens »President« umgestiegen, an der er einen Tonabnehmer anbrachte – womit er den Sound der Quarry Men durch den Einsatz von Röhrenverstärkern nachhaltig veränderte. Ihm kam jetzt zugute, dass er die Soli früher Rock-'n'-Roll-Aufnahmen Note für Note studiert hatte und schon über Band-Erfahrungen (mit seinem älteren Bruder Peter bei den Rebels) verfügte. Also war bald klar, dass Harrison bei den Quarry Men die Leadgitarre übernahm.

Aufgewachsen war er – im Vergleich zu Lennon und McCartney – in einem stabilen und fürsorglichen Elternhaus. Obwohl die finanziellen Verhältnisse nach der Geburt des ›Nachzüglers‹ George, der seinen Vornamen King George IV. verdankte, im Hause Harrison ›schwierig‹ bleiben sollten – die Familie wohnte in der berüchtigten Liverpooler Arbeitersiedlung »Speke« –, hielt man eisern zusammen. Während seine Geschwister Louise und Peter früh die Schule verließen, schaffte es George bis aufs Gymnasium. Seine Mutter charakterisierte ihn damals wiederholt als »selten unartig, aufgeweckt und äußerst selbständig«. Doch schon bald war ihr Sohn wegen seiner offenbar fehlenden Begeisterung für akademische Riten in allen Fächern so schwach, dass die Lehrer ihm »mangelndes Interesse am Schulleben« attestierten und ihn ein Jahr zurückversetzten. Vor seinen Eltern versuchte George dies zunächst zu verheimlichen und verbrachte die Nachmittage statt auf der Highschool im Kino oder bei gleichgesinnten Teddy Boys. Aufgestachelt von amerikanischen Rock-'n'-Roll-Rebellen wie Carl Perkins oder Little Richard, trug der Dreizehnjährige bereits hautenge Hosen und zurückgegeltes Haar. Während sein Vater durch das aufsässige Outfit seines ansonsten braven Sohnes alarmiert war, wiegelte seine Mutter ab: »Schafe gibt's mehr als genug auf der Welt. Lass den Jungen mal machen.« Später bestätigte George Harrison seinem Biographen Mikal Gilmore: »Meine Mutter unterstützte mich am meisten dadurch, dass sie

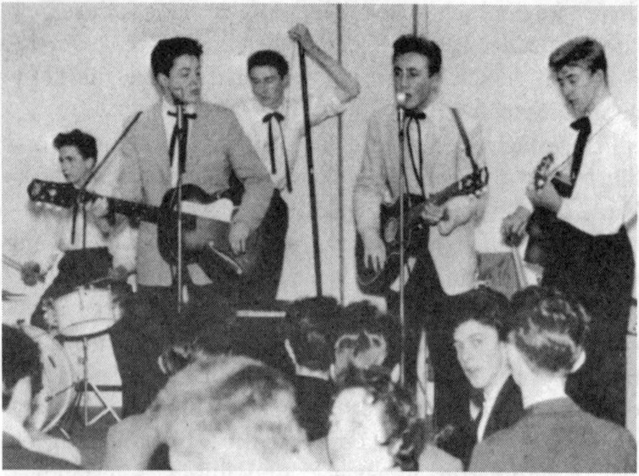

Zwischen Skiffle und Rock: The Quarry Men (1957)

mich nie von irgendetwas abhielt. Ich durfte die ganze Nacht wegbleiben und trinken, was ich wollte.« Die Eltern erkannten bald, dass ihr George kein geborener Gymnasiast war, und vermittelten ihn in eine Elektrikerlehre. Doch er hatte partout keine Lust, im Liverpooler Kaufhaus »Blackler's« die Beleuchtung zu kontrollieren, und zeichnete stattdessen in jeder freien Minute Phantasie-Gitarren. Als seine treusorgende Mutter davon Wind bekam, kaufte sie ihm eine billige Akustikgitarre, auf der ihr Sohn sich all die Rock-'n'-Roll-Riffs, Country-&-Western-Fingerpickings und Skiffle-Akkorde beibrachte, die ihn im Radio und auf Schallplatte so nachhaltig beeindruckt hatten.

Als der Skiffle-Boom abflaute, begannen Lennon und McCartney, eigene Songs zu schreiben. Als Paul sein erstes eigenes Stück ›I Lost My Little Girl‹ John vorspielte – eine schlichte Melodie über drei Akkorden –, war der zunächst beeindruckt, kritisierte aber Textzeilen wie »Her clothes were not expensive. Her hair didn't always curl« als banal und abgeschmackt. Lennons sprachliche Empfindsamkeit, sein stilsicherer Umgang mit Worten, war sein Kapital im Teamwork mit McCartney. Sein eigener Song ›Hello Little Girl‹ besaß da schon mehr harmonische Statur, zumal Lennon hier halb unbewusst die Struktur eines Popsongs aus den 1940er Jahren variierte, den seine Mutter ihm oft vorgesungen hatte (eine spätere Version erschien auf *Anthology I*). Auch in Zukunft nutzte Lennon oft einzelne Motive vorhandener Songs als Inspirationsquelle und entwickelte sie weiter (›Please Please Me‹ zum Beispiel basiert auf Roy Orbisons ›Only the Lonely‹, oder ›Come Together‹ nutzt Elemente von Chuck Berrys ›You Can't Catch Me‹).

Schon in dieser frühen Phase ihrer Partnerschaft beschlossen Lennon/McCartney – der alphabetischen Reihenfolge gemäß – als Komponisten-Team aufzutreten, unabhängig davon, wer die ursprüngliche Idee für ein Lied gehabt hatte. Erst im Jahr 2002 brach McCartney mit dieser ehernen Abmachung: Auf seinem Livealbum *Back in the U. S.* zeichnete er alte Beatles-Kompositionen plötzlich mit »Paul McCartney / John Lennon« – zum weltweiten Hohngelächter der Beatles-Fan-Gemeinde ob dieser kleinlichen Revanche gegenüber dem ehemals dominanten Partner. Doch zurück ins Jahr 1958: Im Juni fühlten sich die Quarry Men (mit drei Gitarren, Schlagzeug und Piano, aber ohne Bass) gut genug, um im Heimstudio von Percy F. Phillips eine erste Schellack-Single aufzunehmen. John

Lennon sang Buddy Hollys ›That'll Be the Day‹ und die McCartney/Harrison-Komposition ›In Spite of All the Danger‹ – ein schlichter Doo-Wop-Titel. Beide Titel wurden 1995 auf *Anthology I* veröffentlicht und dokumentieren bereits den später berühmten Wechselgesang von John und Paul.

Persönliche Tragödien überschatteten jedoch den musikalischen Fortschritt des Songwriter-Duos. Hatte John seine Mutter Julia bereits einmal verloren, als sie ihn zu ihrer Schwester gab, so verlor er sie jetzt zum zweiten Mal. Am 15. Juli 1958 wurde sie von einem Auto angefahren und tödlich verletzt. John fühlte sich verlassen und igelte sich in seinem Weltschmerz ein. Pauls Mutter, die sich als Hebamme jahrelang Tag und Nacht ihrem aufreibenden Beruf geopfert hatte, war bereits zwei Jahre zuvor, im Oktober 1956, an Brustkrebs gestorben. »Der Tod meiner Mutter machte meinen Vater zu einem gebrochenen Mann. Das war das Schlimmste für mich, zu hören, wie mein Dad weinte. Man wird sehr schnell erwachsen, denn man rechnet nicht damit, seinen Vater weinen zu hören.« Paul ging mit dem Verlust aber ganz anders um als sein Alter Ego John. Er übernahm zusätzliche Pflichten im Haushalt und versuchte, mit seiner Freundlichkeit und jungenhaftem Charme seinen Frieden mit der Welt zu machen. John dagegen verwandelte sein Verlustgefühl in Angriffslust. Für ihn hieß es jetzt »Sie gegen uns«, und seine Gefühle von Verlassenheit und Selbstzweifeln übersetzte er in musikalische Wut.

Hier hat auch das spätere Stereotyp seine Wurzeln, nach dem McCartney als »everybody's darling« für schmuseweiche Balladen zuständig ist, während Lennon als selbsternannter Außenseiter mit allen musikalischen Regeln bricht. Und doch handelt es sich dabei um ein zu kurz greifendes Klischee: Dass McCartney genauso um sein Leben spielen und abrocken kann, dokumentieren Titel wie ›I Saw Her Standing There‹ oder ›Lady Madonna‹, während Lennon seiner versteckten Verletzlichkeit in Balladen wie ›In My Life‹ oder ›Julia‹ freien Lauf lässt. McCartney sollte vierzig Jahre später in dem autobiographischen *Anthology*-Buch der Beatles resümieren: »Der frühe Tod unserer Mütter wurde zu einem starken Band zwischen John und mir. Bei uns waren die Gefühle durcheinandergeraten, und da wir Teenager waren, mussten wir sehr schnell damit fertig werden. Wir verstanden beide, dass etwas geschehen war, für das uns die Worte fehlten. John ging durch die Hölle, aber Jugendliche zeigen keinen Kummer – besser nicht.«

Anfang 1959 fanden die Quarry Men immer weniger Auftrittsmöglichkeiten in Liverpool, die Band fiel schließlich endgültig auseinander, als auch der Schlagzeuger Colin Hanton ging. George Harrison spielte jetzt immer häufiger im Les Stewart Quartet mit. Doch als Hausband des neueröffneten Jugendclubs »Casbah Coffee Club« unter der Leitung von Mona Best reformierten sich George, Paul, John und der Gitarrist Ken Brown noch einmal als Quarry Men. Wegen Streitigkeiten um die Gage endete ihr Engagement aber bereits im Oktober 1959. Immerhin hatten sie so viel Geld verdient, dass Lennon und Harrison sich neue »Höfner-Club-40«-Instrumente, kleinere elektrische Halbresonanzgitarren, leisten konnten. McCartney spielte weiter seine akustische »Zenith« mit zusätzlich eingebautem Tonabnehmer. Kurzzeitig taufte sich das Trio in »Johnny and the Moondogs« um und nahm an einem sogenannten »Carroll-Lewis-Talentwettbewerb« teil, den die drei zwar nicht gewannen, aber immerhin als Finalisten beendeten.

Lennon, mittlerweile Student am Liverpool College of Art, wollte die Partnerschaft mit Harrison und McCartney keinesfalls aufgeben und fragte deshalb einen befreundeten Kommilitonen, den in Schottland geborenen Stu Sutcliffe, ob er nicht als Bassist einsteigen wollte. Sutcliffe, ein talentierter abstrakter Maler, war gerade durch den Verkauf eines Bildes zu etwas Geld gekommen und ließ sich überreden, die Summe in einen »Höfner 333«-Bass zu investieren. Obwohl er kaum über musikalisches Talent verfügte, häufig in einer falschen Tonart griff oder den Rhythmus nicht halten konnte, war Sutcliffe für die Band von Bedeutung: Er schlug nämlich den neuen Namen »Beatles« vor (zunächst noch als »Beatals« buchstabiert).

Bis Juli 1960 trat die Band in Liverpool und Umgebung als »Silver Beats« oder »Silver Beetles« auf, bevor John sich endgültig für »Beatles« entschied. Harrison hatte sich inzwischen einen Traum erfüllt und mit der »Futurama«-Solidbody-Gitarre endlich ein Modell gefunden, das seiner geliebten, aber unerschwinglichen »Fender-Stratocaster« in Aussehen und Sound am nächsten kam. Die amerikanische, von Leo Fender entworfene »Strat«, wie sie auf dem Cover von Buddy Hollys Album *Chirping Crickets* abgebildet ist, verkörperte damals den Traum jedes englischen Gitarristen. Cliff Richard – er wurde mit seinem perfekten Haarschnitt, dem gewinnenden Lächeln und einem Saubermann-Image 1959 als »Englands Antwort auf Elvis und Holly« gehandelt – hatte seiner Begleitband »The Shadows« die ersten Original-Fender »Stratocaster«-Gitarren in den USA bestellt.

Auf der Reeperbahn nachts um halb vier

Kurze Zeit nach dem Einstieg von Sutcliffe wurden die Beatles von Allan Williams als Manager unter die Fittiche genommen, der daneben Liverpooler Lokalgrößen wie Cass and the Casanovas, Rory Storm and the Hurricanes oder Gerry and the Pacemakers vertrat. Der schillernde Geschäftsmann hatte im September 1958 im Zentrum von Liverpool den »Jacaranda«-Club eröffnet, den Lennon und Sutcliffe während ihrer gemeinsamen Zeit am Liverpool College of Art oft besuchten. Sutcliffe kreierte für den ehemaligen Kohlenkeller sogar ein suggestives Wandgemälde – mit langen, traurigen Gesichtern, den berühmten Osterinsel-Köpfen nicht unähnlich. Zwischen Mai und August traten die Silver Beatles ein Dutzend Mal auf der winzigen Kellerbühne des »Jacaranda« auf, und Williams soll sogar eine Demoaufnahme mit ihnen gemacht haben, die leider verlorengegangen ist. Doch sein Vermarktungsinteresse hatte anderweitig Erfolg: Durch seine Verbindung zu dem Hamburger Clubbesitzer Bruno Koschmider, der unter anderem für seinen »Kaiserkeller« und den neueröffneten, nach einer indischen Göttin benannten »Indra Club« auf der Reeperbahn englische Beatbands suchte, bot Williams den Beatles ein mehrwöchiges Engagement in Hamburg an. Einziger Hinderungsgrund war jetzt nur noch der fehlende Schlagzeuger. Da erinnerten sich John und Paul an Pete Best, den Sohn von Mona Best, der mit der Band Blackjacks früher in ihrem »Casbah Coffee Club« auftrat. Pete hatte ein leuchtend blaues »Premier«-Schlagzeug zu Weihnachten bekommen und übte fortan wie ein Besessener auf den Fellen, um ein professioneller Drummer zu werden. So war er überglücklich, als er einen Anruf von McCartney bekam und dieser ihn sogar einlud, ein »Beatle« zu werden.

Andere Bands, die bereits für Koschmider spielten, waren von den Qualitäten des Liverpooler Quartetts keineswegs überzeugt und warnten die Williams-Agentur per Telegramm, durch eine so amateurhaft klingende Band wie die Beatles die Hamburger Szene nicht für alle anderen Interessenten zu ruinieren. Doch am 16. August 1960 kam Williams mit den Beatles in einem altersschwachen Austin-Lieferwagen an Bord eines Schiffes von Liverpool in der Hansestadt an. Der erste Eindruck war für sie eine Enttäuschung. In seinen Memoiren erinnert sich Pete Best später: »Das Indra war so lebendig wie eine Kapelle auf dem Friedhof, es waren gerade mal zwei Gäste da, und selbst die Musikbox zog es vor, zu schweigen.« Dennoch startete das Quintett am nächsten Abend im »Indra Club«, Große Freiheit 58, und entwickelte in den nächsten Monaten im Umgang mit dem rüden Reeperbahn-Publikum beträchtliche musikalische Muskeln. In den nächsten zwei Jahren sollten sie rund 900 Stunden auf den Bühnen von St. Pauli stehen, und Lennon musste sich später widerwillig eingestehen: »Wir sind in Liverpool geboren, aber in Hamburg groß geworden.« Paul McCartney sah das pragmatischer: »Unser Job in Hamburg war, die Leute dazu zu bringen, mehr Bier zu trinken.« Zunächst bereitete man dem Liverpooler Kollektiv einen kühlen Empfang. John Lennon erinnerte sich später: »Am zweiten Abend sagte der Manager zu uns: ›Ihr wart schrecklich. Ihr müsst eine Show abziehen‹ – ›Mack Schau‹ hieß es dann in der Folgezeit!« Hier inmitten der Hamburger Subkultur mit ihren

Prostituierten, betrunkenen Seeleuten und Halbkriminellen reiften die Beatles nicht nur über Nacht von unschuldigen Jugendlichen zu Männern, sie wurden auch als Band zusammengeschweißt. Sie fanden sich inmitten eines Fegefeuers aus »Sex, Drugs and Rock 'n' Roll« wieder, aus dem sie ihre besondere Energie zogen. Oder wie Paul es im *Anthology*-Buch ausdrückte: »Hamburg öffnete uns die Augen. Wir gingen als Kinder hin und kamen als alte Kinder zurück. [...] Als ich nach England zurückkehrte, erschrak mein Vater zu Tode. Ich war nur noch Haut und Knochen. Ich hatte mir gar nicht klargemacht, dass wir ständig nur gefeiert hatten.«

Ihre kleinen Verstärker mussten die Beatles immer voll aufdrehen, um überhaupt in dem Lärm der Lokale gehört zu werden. Kein Wunder, dass Pete Best auf seinem Schlagzeug mit donnernder Härte bald einen »atomic beat« entwickelte. McCartney erinnert sich: »Als wir in Hamburg anfingen, hatten wir kaum Publikum. Die Leute schauten zur Tür herein, blieben kurz stehen und gingen wieder. Unsere Aufgabe war es, sie in die Clubs zu locken. Das gelang uns nach und nach mit einer wüsten Bühnenshow, John hüpfte herum wie ein Gorilla und wir schlugen unsere Köpfe gegeneinander. Einmal hängten wir uns sogar Klobrillen um den Hals. Irgendwann schafften wir es dann, die Hütte voll zu bekommen.« Bis zum 3. Oktober spielten die Beatles im »Indra Club«, doch nachdem sich die anderen Mieter im Haus immer häufiger über den Lärm beschwerten, wechselten sie in den »Kaiserkeller«. Das Repertoire bestand in diesen Tagen aus Coverversionen ihrer Heroen: Sie spielten Titel von Little Richard, Chuck Berry, Buddy Holly, The Everly Brothers, Fats Domino oder Carl

Perkins. Doch zu Beginn ihrer langen Konzertnächte, wenn die Clubs noch leer waren, versuchten sie sich der Atmosphäre entsprechend auch an Balladen und Standards wie ›Moonglow‹ oder ›Taste of Honey‹. Nicht zuletzt an diesen Titeln schulten John und Paul ihren zweistimmigen Gesang.

Die Wohnverhältnisse in Hamburg waren miserabel. Koschmider hatte die Band in zwei feuchten, fensterlosen Kammern mit nackten Betonwänden hinter der Leinwand des »Bambi«-Lichtspieltheaters untergebracht. »KZ-ähnliche Zustände!«, kommentierte John in seiner feinfühligen Art. Ihre Energie konnte die Band bei chronischem Schlafmangel oft nur mit Hilfe von Amphetaminen gewinnen. Siebenstündige Auftritte pro Nacht waren die Regel. In seinen Erinnerungen *Let the Good Times Roll* schildert der »Star Club«-Gründer Horst Fascher die Arbeitsbedingungen der Band: »Jede Stunde durften sie fünfzehn Minuten pausieren. Und manchmal noch nicht einmal das, denn die Kiezgrößen wollten durchgehend Musik hören. So spielten sie auch schon mal zwei Stunden durch. Wobei ein Lied auch gern mal über eine Dreiviertelstunde ging. [...] Die Beatles spielten immer komplett ohne Playlist. Einer fing an und die anderen stimmten ein. Was den Vorteil hatte, dass kein Set dem anderen glich.«

Im »Kaiserkeller«, Große Freiheit 36, dem ersten deutschen Underground-Club, der 600 Personen Platz bot, mussten sie sich zwei Monate lang die Bühne mit Rory Storm and the Hurricanes teilen, bei denen ein gewisser Ringo Starr die Trommeln bediente und auch gelegentlich sang. Daneben freundeten sich die Beatles mit einer Gruppe existentialistischer Studenten an, zu der neben Klaus

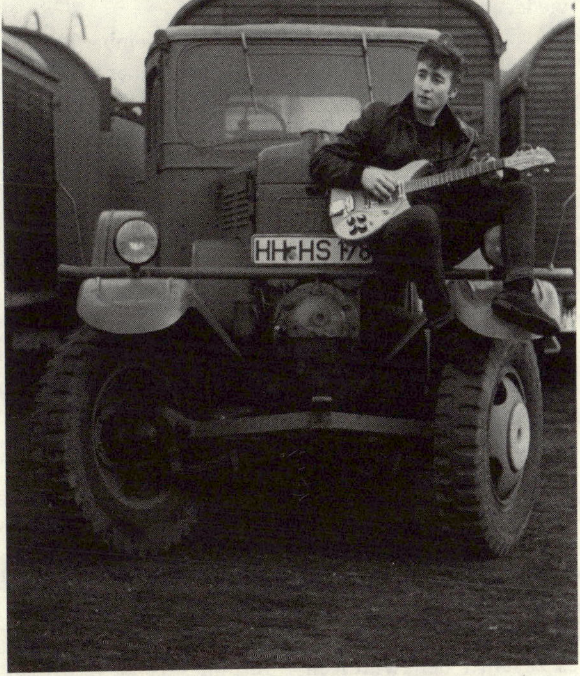

Der existentialistische Rocker: John Lennon in Hamburg (1960)

Voormann – er entwarf später die Cover für *Revolver* und die drei *Anthology*-Sammlungen und spielte auf einigen Lennon-Soloaufnahmen Bass – auch die Fotografin Astrid Kirchherr gehörte. Stu Sutcliffe verliebte sich in sie und beschloss, in Hamburg zu bleiben und seine Kunststudien wieder aufzunehmen.

Als ihr Arbeitgeber Koschmider im November herausfand, dass seine »Beatles« in den Pausen immer in den gerade neueröffneten Konkurrenzclub »Top Ten« abwanderten, um dort mit dem Sänger Tony Sheridan zu jammen, kündigte er kurzerhand ihr Engagement im »Kaiserkeller«. Zudem sorgte er dafür, dass der erst siebzehnjährige George Harrison wegen Verstoßes gegen das Kinderschutzgesetz – er durfte sich nach deutschem Recht nach 22.00 Uhr nicht mehr in einem Nachtclub aufhalten – am 21. November nach England ausgewiesen wurde. Die Abschiebung von Paul, Pete und John erfolgte wenig später Anfang Dezember wegen fehlender Arbeitsgenehmigungen. Doch zuvor hatte die Band begonnen, ihre Ausrüstung zu erneuern: McCartney kaufte sich einen »Gibson Les Paul GA-40«-Verstärker mit eingebautem Hall, und Lennon erwarb im Musikhaus Hummel, in der Hamburger Innenstadt, eine amerikanische 58er »Rickenbacker 325« auf Ratenzahlung, jenes Instrument, das den Sound der Beatles prägen sollte. Dazu kam noch ein neuer »Fender-Deluxe«-Röhrenverstärker: für damalige Gitarristen eine unschlagbare Kombination. Am 15. Oktober 1960 kam es zu einer denkwürdigen Aufnahmesession, die Allan Williams für die Beatles (ohne Sutcliffe und Best) und die Hurricanes (ohne Rory Storm) arrangiert hatte: In der Nummer ›Summertime‹ mit dem Sänger der Hurricanes,

Lou Walters, sind John, Paul, George und Ringo erstmals als Begleitband zu hören. Leider hat kein Exemplar der vier angefertigten Pressungen dieser Schallplatte überlebt.

Zurück in Liverpool, zeigte sich, dass die Ochsentour durch die Hamburger Clubs den Sound der Gruppe gestählt hatte. Dazu kam eine wildbewegte Bühnenshow, in der sich die Musiker gegenseitig anschrien, mit dem Publikum scherzten oder über private Witzeleien lachten. Sie hatten in Hamburg zu einer mitreißenden Performance gefunden. Ein Auftritt am 27. Dezember in der Town Hall von Litherland in Nord-Liverpool, mit dem Ersatzmann Chas Newby für Sutcliffe am Bass, mag die Geburtsstunde jener fanatischen Publikumsreaktion gewesen sein, die später als »Beatlemania« in die Sozialgeschichte einging. Der »Powerhouse-Stil« der Beatles mit dem kräftigen Beat des Drummers, wie sie ihn in Hamburg erprobt hatten, trieb die englischen Kids zur Raserei. Schließlich ließ sich Paul McCartney, der in Hamburg auch schon mal am Schlagzeug oder am Klavier ausgeholfen hatte, erweichen, von der Gitarre an den Bass zu wechseln. Er sah von Anfang an im Bass eine Art tiefer gestimmte Leadgitarre und witterte instinktiv die Chance, sich an diesem Instrument besser profilieren zu können als in der Konkurrenz dreier Gitarristen. McCartneys Basslinien, das machten seine schnellen Fortschritte deutlich, besaßen ungewohnt melodische Qualitäten. Sie verliehen den Stücken Kontur und Stabilität zugleich.

In Quartettbesetzung spielten die Beatles 1961 fast jede Nacht in einer der Liverpooler Tanzhallen oder einem der Clubs. Den »Cavern Club« in der Mathew Street 10 wählten sie bald zu ihrem Hauptquartier. Dieser stets überfüllte, nicht klimatisierte Keller in einem ehemaligen Lagerhaus für Gemüse wurde für die Beatles zur eigentlichen Operationsbasis, von der aus sie ihre lokale Fan-Gemeinde vergrößerten. George Harrisons Mutter erinnert sich mit Grausen: »Der ›Cavern Club‹ war wirklich ein Loch. Man glaubte dort zu ersticken. Der Schweiß tropfte von den Wänden herunter, er tropfte auf die elektrischen Gitarren und verursachte Kurzschlüsse.« Dennoch wurde der Club für die Band zur Brutstätte eines neuen Selbstbewusstseins.

Zurück in Hamburg, traten die Beatles vom 27. März bis zum 2. Juli 1961 im »Top Ten« auf, im Wechsel mit dem Sänger und Gitarristen Tony Sheridan. Als nach ein paar Auftritten klar wurde, dass Sutcliffe nicht wieder als Bassist einsteigen würde, musste Paul McCartney sich endlich eine eigene Bassgitarre besorgen. Die fand er in Hamburg im »Steinway«-Haus: Der kleine und leichte Violin-Bass von Höfner mit seinem runden Ton und den ausgeprägten Mitten, den Paul sich für 287,– DM als Sonderanfertigung für Linkshänder bestellte, avancierte bald zu einem Markenzeichen der Beatles.

Als die Band eines Nachts mit Sheridan jammte, kam der Verleger Albert Schacht vorbei, um Sheridan für einen Aufnahmetermin zu buchen. Weil er vom Sound der Begleitband angetan war, überzeugte er seinen Freund, den Musiker und Produzenten Bert Kaempfert, die Beatles ebenfalls für eine Aufnahmesession zu verpflichten. Der dreiundsiebzigjährige gebürtige Hamburger war bereits eine Legende: Er hatte 1960 nicht nur mit ›Wonderland By Night‹ einen Welthit gelandet, er war der einzige Musiker, der in seiner Karriere mit allen drei Pop-Giganten – Sinatra (›Strangers In The Night‹), Elvis (›Wooden Heart‹) und den

Beatles – zusammengearbeitet hat. Unter seiner Leitung nahm Tony Sheridan mit den Beatles zusammen sechs Stücke auf: Darunter die beiden Titel ›My Bonnie‹ und ›When the Saints‹, die später als Single veröffentlicht werden sollten. Die schottische Ballade ›My Bonnie Is Over the Ocean‹ wurde ausgewählt, weil betrunkene Seeleute in Hamburg immer wieder nach dem Lied verlangten. Neben diesen beiden Stücken nahmen die Beatles noch ›Ain't She Sweet‹ und die Instrumentalnummer ›Cry for a Shadow‹ auf – eine Persiflage im Stil der erfolgreichen englischen Gitarrencombo The Shadows, der Begleitband von Cliff Richard. Doch als die Single ›My Bonnie‹ im Sommer dann herauskam, hatte die Plattenfirma Polydor aus den Beatles die »Beat Brothers« gemacht. Man glaubte, das Wortspiel aus »Beat« und »beetles«, ›Käfer‹, würde in Deutschland nur Verwirrung schaffen.

Bevor die Beatles nach Liverpool zurückkehrten, hatte auch George Harrison endlich die Gitarre seiner Wahl gefunden: Nun war es eine gebrauchte »Gretsch-Duo-Jet« aus dem Jahr 1957, eine Halbresonanzgitarre mit Hohlräumen im Innern, einer dunklen Grundcharakteristik und dank der Single-Coil-Tonabnehmer dennoch mit brillanten Höhen. Dabei hatte sich George ursprünglich für eine »Fender Stratocaster« entschieden, die ihm aber in letzter Minute von Rory Storm vor der Nase weggekauft worden war.

Trotz der ständigen Warnung von Pauls Vater: »Der Teufel findet immer eine Beschäftigung für faule Hände«, waren die vier längst als Hausband des »Cavern Club« etabliert. Dessen Discjockey Bob Wooler hatte das Quartett während des Konzerts im Rathaus von Litherland erlebt und reservierte von da an den Mittwochabend jeder

Woche den Beatles. Manchmal kündigte er Lennon als »Singenden Wutanfall« an. Denn der hatte sich durch die mehrstündigen Auftritte auf der Reeperbahn den sogenannten »Hamburg Hals« zugezogen: eine hart gewordene, rauhe Stimme, die aber für Songs wie ›Twist And Shout‹ oder ›Money‹ wie geschaffen war und den Zuhörern Schauer über den Rücken jagte. Während die meisten Bands damals Songs aus den Charts zu imitieren versuchten, hämmerten die Beatles mit ihrem obskuren Rhythm & Blues unbarmherzig drauflos und untermalten ihr leidenschaftliches Engagement durch zusätzliches Stampfen. Vorausschauend formulierte Wooler: »Sie erzeugten jene physische und atmosphärische Erregung, die den Aufstand der Jugend symbolisierte.«

Der Durchbruch kam für diese Aufwiegler jedoch erst, als Brian Epstein sich für sie zu interessieren begann. Am Samstag, den 18. Oktober 1961 besuchte der Teenager Raymond Jones Epsteins Liverpooler Schallplattenladen NEMS (North End Music Stores) in der Einkaufsstraße Whitechapel – »The Finest Record Selection in the North«, um sich *My Bonnie* von Tony Sheridan mit den Beatles zu kaufen. Obwohl der Klassik-Liebhaber Epstein die Platte nicht kannte, versprach er, sie umgehend zu besorgen. Bei dem obskuren Namen der Band dämmerte es ihm: »Ich konnte mich dunkel erinnern, dass ich ihn schon einmal auf einem Plakat für eine Tanzveranstaltung im ›New Brighton Tower‹ gelesen und damals gedacht hatte, was das doch für ein komischer Name und für eine blöde Schreibweise sei.« Von einem weiblichen Fan erfuhr Epstein, dass die Band in jener Woche im nur wenige Minuten entfernten »Cavern Club« auftrat – am Ende sollte sie es dort auf mehr als zweihundert Auftritte gebracht haben!

Am 9. November besuchte der siebenundzwanzigjährige Geschäftsmann dann erstmals einen Mittagsauftritt der anscheinend so gefragten Gruppe. »Als ich sie dort zum ersten Mal sah, wirkten sie ungepflegt und nicht sehr sauber. Sie rauchten auf der Bühne und taten so, als prügelten sie sich. Dem Publikum wandten sie den Rücken zu, riefen einzelnen Leuten etwas zu und lachten ständig über ihre eigenen Witze. Doch sie sorgten für gewaltige Unruhe und besaßen eine packende persönliche Ausstrahlung.« Epstein, ein verkappter Homosexueller aus der »upper middle class« mit gepflegten Umgangsformen, war vom Energieausstoß der Band begeistert. Vor allem der aggressive Gestus von Lennon hatte es ihm angetan. Der hatte von Epstein einen gänzlich anderen Eindruck: »Er sah reich und effizient aus.« Bald freundete er sich mit der Band an und machte den Jungs am 6. Dezember 1961 das Angebot, sie für eine Beteiligung von fünfundzwanzig Prozent an den Gesamteinnahmen zu managen und ihnen nicht nur besser bezahlte Auftritte außerhalb von Liverpool, sondern auch einen Schallplattenvertrag zu besorgen.

Zunächst änderte Epstein radikal ihren Look und untersagte ihnen, weiterhin auf der Bühne zu essen und zu rauchen. Lennon nannte später diese Änderungen einen »faustischen Pakt«. Doch die Nachfrage nach den Beatles nahm dank Epsteins Beziehungen in den letzten Monaten des Jahres 1961 stetig zu. Sie waren sechs Tage die Woche ausgebucht und tingelten durch Tanzhallen, Wohltätigkeitsveranstaltungen und Ballsäle. Auf ihren Rückfahrten nach Liverpool entwickelte Lennon für die Gruppe ein Ritual der Selbstermutigung. Mit dem übertriebenen Akzent eines amerikanischen Ansagers fragte er die Kumpel: »Where are we going, boys?« Und die antworteten ihm im Chor: »To the top, Johnny! To the top!« »And where's the top?«, fragte John nach. »The toppermost of the poppermost!«, lautete dann unisono die Erwiderung.

Ihre Frisuren ließ Epstein ihnen. Schon während ihres zweiten Hamburg-Besuchs im Frühjahr 1961 waren sie vom Haarschnitt der Kunststudenten-Clique um Astrid Kirchherr fasziniert, zu der auch der Fotograf Jürgen Vollmer zählte. Er trug bereits die typische Pilzkopf-Frisur. Zunächst ließ sich Stuart Sutcliffe von seiner Verlobten zu diesem »Moptop« (engl. »Wischmopp«) überreden. Kirchherr bürstete ihm zunächst alle Haare nach unten, schnitt hier und dort ein paar Strähnen ab und sorgte dann für eine gleichmäßige Länge. Nachdem Lennon zu seinem 21. Geburtstag im Oktober 1961 von einer schottischen Tante als Geschenk 40 £ bekommen hatte, fuhr er mit Paul für ein paar Tage nach Paris. Hier überredete ihn Vollmer, sich doch die Haare wie er und Sutcliffe schneiden zu lassen. Zurück in England, zog Harrison in Bezug auf die Frisur bald nach. Allein Pete Best konnte seine Naturlocken trotz allen Bemühens nicht in einen glatten Pilzkopf verwandeln. Epstein akzeptierte die »Moptops« als Markenzeichen seiner Schützlinge, doch die schwarze Lederkluft der Rocker, die die Beatles seit Hamburg so gerne trugen – in England symbolisierte schwarzes Leder für viele Leute damals noch die Nazi-Uniform –, tauschte er bald gegen bequeme Anzüge aus: »to smarten them up«. Weite schwarze Hosen, weiße Hemden, Rollkragen-Pullover und die kragenlosen Jacken wurden ebenso zum festen Bestandteil ihres Aussehens wie die berühmten schwarzen Stiefeletten mit seitlichem Gummizug. Als Inhaber des größten Plattenladens im Nordwesten Englands gelang es Epstein schließlich, Mike Smith von Decca Records zu einem Besuch im »Cavern Club« zu animieren: »Sie sind größer als Elvis!« Smith war ebenfalls von der Ausstrahlung der Beatles angetan und lud sie zu einem offiziellen Vorspiel am 1. Januar 1962 in die Londoner Decca Studios ein.

Doch diese »audition« stand unter keinem guten Stern: Nach einer Nachtfahrt im kleinen Lieferwagen von Liverpool nach London durch heftige Schneestürme machte Smith der Band die Mitteilung, ihre Ausrüstung sei nicht studiotauglich. Er bestand darauf, die Band müsse auf dem Studio-Equipment spielen. Die daraus resultierende Unsicherheit in der Handhabung der großen, unbekannten Verstärkertürme ist der sechzigminütigen Aufnahmesession anzuhören. In keinem der fünfzehn Stücke, darunter die drei Eigenkompositionen ›Like Dreamers Do‹, ›Hello Little Girl‹ und ›Love of the Loved‹, erreichten die vier jenen Energielevel, der in ihren Konzerten längst Standard war. Kein Wunder, dass Decca Records den Beatles Anfang Februar 1962 eine Absage erteilte – Dick Rowe, der damalige Abteilungsleiter für Pop, ließ sich zu dem historischen Ausspruch hinreißen: »Gitarrenbands sind auf dem absteigenden Ast!« Doch Epstein ließ nicht locker, und es gelang ihm schließlich, George Martin, den Chef des EMI-Sublabels Parlophone, zu interessieren.

Der 1926 geborene Martin erwies sich für die Beatles als Glücksfall. Als talentierter Pianist und Oboist, ausgebildeter Komponist, Dirigent und Arrangeur war er vornehmlich an klassischer Musik interessiert. Ravel und Rachmaninow waren seine Hausgötter. Doch er hatte mit Tommy Steele auch schon einen veritablen Popstar in Großbritannien produziert. Martins Markenzeichen waren jedoch sogenannte »Comedy Records« mit Peter Sellers oder Spike Milligan.

Die Nachricht, dass Parlophone ihnen einen Studiotermin bot, erreichte die Beatles in Hamburg, wo sie zur Eröffnung des »Star-Club« von Manfred Weissleder spielen sollten. Die neue Attraktion fasste fast 1000 Besucher und verlangte als einziger Beat-Club der Hansestadt einen Eintritt von 2,– DM. Man warb mit selbstbewussten Plakaten: »Die Not hat ein Ende! Die Zeit der Dorfmusik ist vorbei! Die Rock-'n'-Twist-Parade 1962 – Eine Ballung der Spitzenklasse Europas«. Bei ihrer Ankunft am 11. April hatte Astrid Kirchherr sie mit der schockierenden Nachricht empfangen, am Tag zuvor sei Stu Sutcliffe an einer Gehirnblutung gestorben. Es blieb ihnen nur ein Tag, sich von diesem Schrecken zu erholen, denn am Freitag, den 13. April begann ihr siebenwöchiges Engagement. Nicht zuletzt wegen der offenkundigen Parallelen der beiden Hafenstädte Liverpool und Hamburg – beide hatten nach dem Krieg in Trümmern gelegen, beide waren jetzt aufstrebende Containerhäfen, und beide Städte waren in den frühen Sechzigern Heimat von unterhaltungssüchtigen Matrosen und gewaltbereiten Rockerbanden –, fühlten sich die Beatles auf der Reeperbahn wie zu Hause. Bill Harry, der in Liverpool das Zentralorgan der Beat-Bewegung, die Zeitschrift *Mersey Beat*, herausgab, benennt rückblickend dennoch eine entscheidende Differenz: »Die

Szenen in Liverpool und Hamburg unterschieden sich doch sehr. Am Merseyufer gab es weit über 100 Clubs, in der Hälfte davon traten die Beatles auf. Die Beat-Clubs in Hamburg waren auf St. Pauli begrenzt, und es gab nur vier. Die Beatles spielten als einzige Band in allen vieren.«

Horst Fascher, der Geschäftsführer des »Star Club«, erzählt in seinen Memoiren stellvertretend für den anarchischen Blödsinn, den die Band in Hamburg anstellte, folgende Geschichte: Früh am Morgen klingelt in seiner Wohnung das Telefon: »›Hier Davidswache, Herr Fascher, wir haben hier vier Halbstarke verhaftet, die nennen sich die Piedels …‹ Ich dachte, da wollte mich einer flachsen. Piedel heißt auf St. Pauli Pimmel. Ich fand das gar nicht lustig und wollte schon auflegen, als der Polizist sagte: ›Wir haben sie wegen Tierquälerei festgenommen. Die können sich nicht ausweisen und die nennen sich Piedels oder so.‹ ›Ach, jetzt weiß ich, wen sie meinen, sie meinen die Beatles. Die arbeiten bei uns im ‚Star Club'«. Wir haben denen die Pässe abgenommen, weil es schon mal vorkam, dass einer seinen verloren hat. Die Pässe liegen bei uns im Safe.‹ ›Das ist schon mal gut, aber es liegt noch eine Anzeige einer älteren Dame vor. Die Piedels haben ein kleines Spanferkel an einer Hundeleine über St. Pauli geführt, das Tier gequält, indem sie es getreten und heftig an der Leine gezogen haben.‹ Auf der Davidswache saßen die vier. Übermüdet, eingeschüchtert, immer noch leicht angetrunken, der eine mehr, der andere weniger. Sie wussten gar nicht, was los war. Mir wurde die Anzeige vorgelesen. Ich erklärte sie den Beatles, die alles abstritten. Sie hätten ›Bruno‹, dem Schwein – sie nannten es nach ihrem früheren Arbeitgeber Bruno Koschmider –, nur ein paar leichte

Fußstupse in den Hintern gegeben, weil es sich hingesetzt hatte und nicht mehr mitlaufen wollte. Sie seien Tierfreunde und würden niemals ein Schwein quälen. Ich glaubte ihnen, die Polizisten auch.«

Während dieser Zeit stieg der Pianist Roy Young, der im »Star Club« mit The Star Combo einen festen Vertrag hatte, wiederholt bei dem Liverpooler Quartett ein. Da die Beatles noch bei Kaempfert unter Vertrag waren, spielte Young mit Tony Sheridan und den Pilzköpfen auch zwei Songs ein: ›Sweet Georgia Brown‹ und die leider nicht mehr erhaltene Aufnahme von ›Swanee River‹. Fast wäre Young der »fünfte Beatle« geworden, denn Epstein versuchte ihn zu überreden, mit den Beatles zusammen in England einen Schallplattenvertrag abzuschließen. Doch Young misstraute den Erfolgsaussichten und wollte seinen sicheren Job im »Star Club« nicht aufgeben. Der letzte Auftritt von John, Paul, George und Ringo in dem berühmten Beatschuppen, Große Freiheit 39, an Silvester 1962 wurde – mit Johns bierseliger Erlaubnis – von King Size Taylor mitgeschnitten und ist bis heute Gegenstand gerichtlicher Auseinandersetzungen. Trotz ihrer lausigen Tonqualität repräsentieren die dreißig Titel (darunter Rock-Kracher wie ›Hippy Hippy Shake‹, ›Twist And Shout‹ oder ›Long Tall Sally‹) die einzigen bekannten Live-Aufnahmen der Beatles in St. Pauli.

»Herzklopfen von Verliebten über Verstärker«

Als die Beatles im Mai 1962 in Hamburg von Epstein das ersehnte Telegramm mit der Zusage von EMI erhielten, flippten sie aus. McCartney antwortete: »Bitte überweisen Sie zehntausend Pfund als Vorauszahlung!«, Lennon fragte: »Und wann sind wir dann Millionäre?«, während Harrison bescheiden bat: »Bitte bestellen Sie vier neue Gitarren.« Die folgende Aufnahmesession in der Abbey Road am 6. Juni 1962 brachte den Durchbruch: Nachdem die zum Teil defekte Verstärkeranlage mit Studio-Equipment ergänzt worden und ›Besame Mucho‹ ein eher zaghafter Einstiegstitel war, spielten die Beatles den schon etwas gelangweilten Technikern die Lennon/McCartney-Komposition ›Love Me Do‹ vor. Elektrisiert, weil er spürte, dass hier etwas unerhört Neues entstand, holte der Toningenieur Norman Smith George Martin schnellstens aus der Kantine. Und der wurde schon bei dieser Probenfassung des Stücks Zeuge eines bis dato unbekannten, rohen und bluesigen Sounds. Martin nahm die Gruppe sofort unter Vertrag und datierte den Vertrag vorsichtshalber auf den 4. Juni zurück, um das Copyright für die Aufnahmen am 6. Juni zu sichern. Jedes Bandmitglied erhielt für diese Session das Standardhonorar von sieben Pfund.

Doch bei allem Enthusiasmus für die Beatles war Martin mit dem ungleichmäßigen Schlagzeugspiel von Pete Best unzufrieden – angeblich hatte er bei den Probeaufnahmen den Takt nicht gehalten. Paul erinnert sich in der *Anthology*: »George Martin war an Drummer gewöhnt, die immer genau im Takt waren, wie die Bigband-Drummer, die immer sehr exakt spielten. Unsere Liverpooler Schlagzeuger hingegen spielten geistreich, gefühlvoll, oft sogar sparsam, jedoch nicht unbedingt taktgenau, und daran störten sich Plattenproduzenten.« Deshalb wollte Martin für den nächsten Studiotermin am 4. September einen Session-Drummer besorgen. Doch die Beatles hatten ihre eigenen Pläne und fragten den schon länger von ihnen vorgemerkten Ringo Starr, ob er nicht der neue Schlagzeuger der Gruppe werden wolle. Pete Best, der zuerst nur gerüchteweise von dem geplanten Wechsel hörte, wurde von Brian Epstein kühl beschieden: »The boys want you out and Ringo in.« Als die Liverpooler Fans von Bests Rausschmiss hörten, soll es zu Tumulten auf der Straße gekommen sein.

Richard Starkey (geboren am 7. Juli 1940 in Liverpool) – seinen Spitznamen ›Ringo‹ erhielt er wegen der vielen Ringe, die er trug – war als Kind häufig krank und fehlte monatelang in der Schule. In dem rauhen Liverpooler Arbeiterviertel »Dingle«, wo der Junge aufwuchs, traten Vater Richard – er war Bäcker – und Sohn zuerst als »Big Ritchie« und »Little Ritchie« auf. Doch mit der väterlichen Vertrautheit war es vorbei, als die Ehe der Eltern 1943 geschieden wurde. Fortan wuchs Ringo als Einzelkind bei seiner Mutter Elsie auf, bis diese – der Junge war inzwischen dreizehn – wieder heiratete.

Im Alter von sechseinhalb bekam Ringo eine schlimme Bauchfellentzündung infolge eines Blinddarmdurchbruchs, er fiel für fast zwei Monate ins Koma und überlebte nur knapp. Ringo erinnert sich: »Das Krankenhaus ist ein langweiliger Ort. Es wird zu deiner Welt, wenn du für längere Zeit dort bist – und ich verbrachte zwei Jahre dort (das zweite Jahr, als ich dreizehn war und Tuberkulose bekam).« Kein Wunder, dass Ringo erst mit neun Jahren lesen lernen konnte und neben den krankheitsbedingten Schulversäumnissen auch noch liebend gern schwänzte.

So blieben seine Arbeitserfahrungen während der anschließenden Aushilfsjobs begrenzt. Er hatte nichts anderes im Kopf, als Schlagzeug zu spielen. Infiziert davon wurde er im Krankenhaus: »Eine Lehrerin kam mit einer riesigen Staffelei, mit Symbolen für Instrumente, die auf einem großen Brett dargestellt waren. Sie gab uns Schlaginstrumente, Triangeln, Tambourine und Trommeln. Sie zeigte auf das gelbe Zeichen, und die Triangel erklang, bei Rot ertönte die Trommel. Ich spielte nur mit, wenn sie mir eine Trommel gab.«

Sein erstes Drum-Set bekam Ringo von seinem Stiefvater Harry Graves geschenkt. Nach ersten Spielerfahrungen in der Eddie Clayton Skiffle Band stieg er 1959 bei den Al Caldwell's Texans ein, aus denen bald Rory Storm and the Hurricanes hervorgingen. Im Gegensatz zu Best entwickelte Ringo schon früh einen persönlichen Stil: Er spielte präzise vorwärtstreibend auf der Snare-Drum, ohne hektisch zu wirken. Am 18. August 1962 wurde er festes Bandmitglied bei den Beatles. Im *New Musical Express* teilte Ringo mit, dass er glücklich sei, »mit ihnen auf einer Wellenlänge zu sein. Schließlich muss ich nicht nur als Drummer, sondern auch als Mensch mit ihnen auskommen.«

Zuvor hatte die Band auf Anraten George Martins ihre Ausrüstung erneuert. Brian Epstein war es gelungen, mit der in Dartford ansässigen Verstärker-Firma Vox einen cleveren Deal zu machen: Die Firma sollte in Zukunft die Beatles immer mit ihren neuesten Modellen und Prototypen ausstatten und im Gegenzug kostenlos mit ihnen werben dürfen. So kamen John und George zu ihren ersten »Vox-AC-30«-Röhrenverstärkern, die damals »state of the art« waren, was Durchsetzungsfähigkeit und Sauberkeit des Klangs betraf. McCartney dagegen spielte seinen Bass über einen neuen »Quad II«-Röhrenverstärker und eine von Adrian Barber entworfene, überdimensionale schwarze »Coffin«-(›Sarg‹-)Box.

Die Zeiten blieben unruhig: Kurz vor der zweiten Aufnahmesession in den EMI-Studios erfuhr John Lennon von seiner langjährigen Freundin Cynthia Powell, dass sie schwanger sei – die beiden heirateten am 23. August, ihr Sohn Julian wurde am 8. April 1963 geboren. Obwohl man auf Wunsch von George Martin den Mitch-Murray-Song ›How Do You Do It‹ eingeübt hatte, wurde bei dem Studiotermin am 4. September allen Beteiligten schnell klar, dass ›Love Me Do‹ die A-Seite der ersten Beatles-Single sein würde. Für eine weitere Aufnahme des Songs buchte Martin den erfahrenen Session-Drummer Andy White, da er von Ringos Qualitäten noch nicht restlos überzeugt war.

Der Song mit dem überblasenen Harmonika-Intro von Lennon, seiner Kargheit und betörenden Aufrichtigkeit schaffte es immerhin auf Platz 17 der englischen Hitparade – nicht zuletzt, weil das Wort »love« darin einundzwanzig Mal genannt wird. Die zentrale Botschaft lautet schlicht: »I love you forever, so please love me.« Denn was war »Beat« anderes als – nach einer treffenden Definition von Paul McCartney – »das Herzklopfen von zwei Verliebten über eine Verstärkeranlage«. Der Beatles-Experte Ian MacDonald erinnert sich später: »Viele britische Popmusiker behaupteten, gleich von Anfang an in ›Love Me Do‹ etwas Epochales gespürt zu haben.« Der besondere, ungenierte Ton des Stücks hob sich nach MacDonalds Worten »deutlich wie eine nackte Ziegelmauer in einem Wohnzimmer der Vorstadt aus dem braven Stilgemisch ab, das das Light Program und Radio Luxemburg verkauften«.

Schon mit ihrer zweiten Single ›Please Please Me‹ stürmten die Beatles die Charts. Das Stück mit den von Roy Orbison entlehnten Oktavsprüngen und der markanten Gitarrenlinie von Harrison veranlasste Martin schon bei der Aufnahme zu der Mitteilung über die Gegensprechanlage des Studios: »Herzlichen Glückwunsch, meine Herren, Sie haben soeben ihre erste Nummer eins aufgenommen!« George Martin, der von Anfang an eine fast symbiotische Nähe zu dem Liverpooler Quartett empfunden hatte und ihren oft skurrilen Humor teilte, wird heute oft als das Genie hinter den Beatles dargestellt. Doch er hat immer wieder betont: »Ich war nichts weiter als ein Vermittler, Genie hatten *sie* – da gibt es keinen Zweifel.«

Wie schon bei ›Love Me Do‹ witterte die amerikanische Plattenfirma Capitol auch bei ›Please Please Me‹ ein Übersetzungsproblem: Für amerikanische Ohren mache der Titel keinen Sinn, und der Text sei darüber hinaus missverständlich und könne als Aufforderung zum »oral sex« interpretiert werden. Dabei geht das Stück in der Erinnerung von Lennon auf ein Lied von Bing Crosby (›Please‹) zurück, das seine Mutter Julia ihm als Kind oft vorgesungen hatte: »Oh please lend your little ear to my pleas«. Kein Wunder, dass der Sprachspieler John von dem Gleichklang, aber den unterschiedlichen Bedeutungen von »please« und »pleas« fasziniert war.

Auch das erste Beatles-Album trug den Titel *Please Please Me*. In der Rekordzeit von weniger als einem Tag – am 11. Februar 1963 – eingespielt, enthielt es mit ›I Saw Her Standing There‹ einen Kracher, den die vier im Konzert schon mal auf zehn Minuten dehnen konnten. Die Rauheit und Respektlosigkeit von Text und Musik wirkten damals in der britischen Rockszene schockierend – ein Stück Rock-'n'-Roll-Rebellion.

Mit ihrer nächsten Single ›From Me to You‹, in der sie erneut ihr jubilierendes »oooh« einsetzten, gewann eine neue Songwriting-Theorie Kontur: Die direkte Ansprache gelang den Beatles nicht zuletzt durch den strategischen Gebrauch des Personalpronomens. Die meisten ihrer frühen Songs wie ›Please Please *Me*‹, ›Love *Me* Do‹, ›She Loves *You*‹, ›Thank *You* Girl‹ oder ›From *Me* to *You*‹ (in einigen ihrer BBC-Shows singen sie sogar »From *us* to *you*«) waren als ganz persönliche Botschaften an die Fans gerichtet. Und die elektrisierten Jugendlichen verstanden den Aufruf zur Identifikation. Paul McCartney erinnert sich: »Wir versuchten ständig, uns zu verbessern. Wir hörten, was andere gemacht hatten, und versuchten, das in Beat umzusetzen. Als wir dann so was hinkriegten wie ›From Me to You‹, war das ganz schön. Ich war ganz angetan von dem Mittelakkord, der anders war als das, was wir bisher gemacht hatten. Der Übergang zu diesem Moll-Akkord – das hatten wir vorher einfach nicht drauf.«

Der Song ›From Me to You‹, dessen Titel sich auf dic Leserbriefseite des *New Musical Express* bezog, stammt zu gleichen Teilen von John Lennon und Paul McCartney. Beide übernahmen jeweils voneinander eine zweitaktige Phrase, um sie mit möglichst originellen Wendungen weiterzuentwickeln. Hier sind es vor allem die kalkuliert eingesetzten Falsettschreie – Lennon/McCartney dürften sie von dem New Yorker Quartett The Four Seasons übernommen haben –, die den Hörern Schauer über den Rücken jagten. Als das Stück im Sommer 1963 an die Spitze der englischen Charts stürmte, war für jeden spürbar, dass Sex auf einmal ein gesellschaftlich akzeptables Thema geworden war. Nicht nur Christine Keeler und James Bond, auch die freizügige Körperlichkeit der Beatles-Songs stimulierte damals eine Atmosphäre der sich lockernden Hemmungen und des Hedonismus.

Die Beatles waren nun omnipräsent. Brian Epstein buchte nicht selten vier, fünf Termine – Interviews, Foto-Sessions, Fernsehauftritte – an einem Tag. England-Tourneen mit Helen Shapiro, Tommy Roe (›Sheila‹) und Roy Orbison wurden für die ›Fab Four‹ zu Triumphzügen. Ringo trommelte inzwischen auf einem exklusiven »Ludwig«-Schlagzeug, das durch seine präzise Ansprache und Prägnanz den Sound der Gruppe weiter schärfte, und Harrison hatte sich eine von Chet Atkins entworfene »Gretsch-Country Gentleman«-Gitarre zugelegt – ein edles Teil mit zuschaltbarem Saitendämpfer und immensem Klangfarbenreichtum. Zu hören sind die neuen Instrumente erstmals auf der vierten Single ›She Loves You‹. Dieses Meisterwerk von einem Popsong enthält die Quintessenz des damaligen Beatles-Sounds: ihr kopfschüttelndes Falsett »ooooh«, den kathartischen »Yeah, Yeah, Yeah«-Refrain und jene aufreizende Selbstverständlichkeit, mit der sich Alltagssprache und Musik verbinden. Gefühl und Rhythmus der Worte passen hier perfekt zur melodischen Linie – heraus kam einer der explosivsten

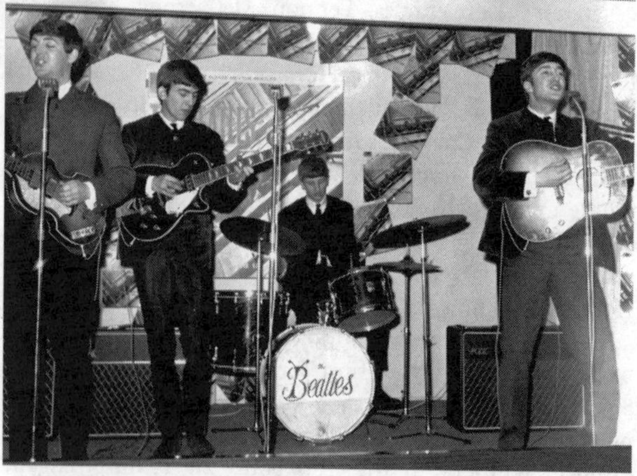

Was heute bieder und brav wirkt, war damals explosiv:
Die frühen Beatles (1963)

Popsongs aller Zeiten und ein noch heute magisches Manifest des damaligen Zeitgeists.

Nach einem Auftritt in der BBC-Fernsehshow »Ready Steady Go!« erreicht die sprunghaft gewachsene Popularität der Beatles am 13. Oktober 1963 einen vorläufigen Höhepunkt: Auf den Straßen rund um das Londoner »Palladium« bricht der Verkehr zusammen. Immer größer werdende Menschentrauben bedrängen das Gebäude, Jugendliche kreischen – völlig außer sich – um ihr Leben. Die Polizei, von dieser Massenhysterie überrumpelt, kann der Menge kaum noch Herr werden. Fernsehteams treffen ein, um den Ausbruch einer kulturellen Epidemie zu kommentieren. Stunden vorher erst hatte sich das Virus im Innern des Gebäudes eingenistet: Die Beatles probten für ihren zwölfminütigen Auftritt in der TV-Sendung »Sunday Night at the London Palladium«. Rund fünfzehn Millionen Zuschauer werden an diesem Abend Zeugen einer seltenen Metamorphose: Eine allenfalls für Teenager interessante Popgruppe verwandelt sich in ein Massenphänomen, das Menschen aller Altersstufen, Schichten und Hautfarben in seinen Bann schlägt. »Beatlemania« lautete am nächsten Tag die besorgte Diagnose des *Daily Mirror*. Für die nächsten drei Jahre bezeichnete dieser Begriff jenen Fieberinfekt, der in Beatles-Konzerten weltweit das Publikum befiel.

Gerade erst begann sich in jenem Oktober das britische Königreich von dem Skandal um Christine Keeler und John Profumo – der bekannt gewordenen Affäre des Verteidigungsministers mit einem Callgirl – zu erholen, als es durch den triumphierenden »Yeah, Yeah, Yeah«-Hedonismus in seinen soziokulturellen Grundfesten erschüttert wurde. Wenn John Lennon und Paul McCartney bei dem hochfahrenden »Oooooh«-Gesang in ›She Loves You‹ ihre Köpfe vorm Mikrophon zusammensteckten und dabei noch mit jungenhaftem Grinsen ihre Mähnen schüttelten, trieb es vor allem weibliche Fans in den temporären Wahnsinn. Zu Hunderten versuchten sie die Bühne zu stürmen, rauften sich in begeisterter Hingabe die Haare, schlugen die Hände vor das Gesicht, um die heftig strömenden Glückstränen zu verbergen, und steigerten sich nach Auskunft der damals diensttuenden Krankenschwestern nicht selten in echte Orgasmen hinein. »Man glaubte ja wirklich, dass sie einen sehen konnten, nur einen ganz allein, wenn sie dort oben auf der Bühne standen. Deswegen schrie man auch, damit sie einen bemerkten. Ich hatte die ganze Zeit das Gefühl, dass John mich sehen konnte. Es war wie in meinem Traum: Nur ich und John und sonst niemand.« Nicht allein für die damals fünfzehnjährige Sandi Stewart verkörperten die Beatles jetzt ein völlig neues Lebensgefühl. Dabei standen da nur vier ganz normale junge Burschen, erfrischend unbekümmert und mit einer optimistischen Ausstrahlung, wie man sie aber auch in jedem Gemeindesaal einer englischen Kirche antreffen konnte. Ihr unprätentiöses »down to earth«-Verhalten ermöglichte erst die totale Identifikation.

Mitte 1963 begannen die Beatles, auch für andere Künstler und Bands zu schreiben: etwa für Cilla Black, aber auch für Billy J. Kramer. Selbst für die angeblichen Rivalen, die bösen Buben »The Rolling Stones«, hatten die Beatles noch einen hitverdächtigen Song übrig. Auf der Suche nach einem schlagkräftigen Nachfolgetitel zu der Debüt-Single der Stones – ›Come On‹, einer Chuck-Berry-Coverversion – traf deren Manager Andrew Loog Oldham im Herbst 1963 in Soho zufällig John und Paul auf der Straße. Dreißig Minuten später trugen Lennon/McCartney ihren Titel ›I Wanna Be Your Man‹ den Stones vor, die gerade ein paar Häuserecken weiter probten. Mit dieser hart treibenden Bluesrock-Variante im Vier-Akkord-Schema kamen Jagger & Co. immerhin in die »Top Ten«.

Das Stück ist auch auf dem zweiten Beatles-Album *With The Beatles* (1963) enthalten. Doch neben der Eröffnungsnummer ›It Won't Be Long‹ mit ihrem Frage-und-Antwort-Gesang über dem Auf und Ab des »Yeah, Yeah« ist es vor allem der Brief-Song ›All My Loving‹, der mit seinem harmonischen Schwung über der E-Dur-Tonleiter eine beredte Einfachheit und fröhliche Naivität entfaltet. Nicht wenige Konkurrenten in der britischen Popszene wunderten sich, dass die Beatles derart kommerziell eingängige Nummern für LPs verschwendeten. Ian MacDonald hebt in seinem Beatles-Song-Lexikon zu Recht hervor, dass Paul McCartney, der das Lied geschrieben hatte, mit ›All My Loving‹ ein wenig aus dem Schatten von Lennon – der allgemein als ›Spiritus Rector‹ der ›Fab Four‹ anerkannt war – heraustreten konnte.

Von schockierender Respektlosigkeit und überwältigender Vitalität zeigte sich dann die nächste Single ›I Want to Hold Your Hand‹. Im Keller des Elternhauses von Jane Asher – der damals festen Freundin von Paul – in der Londoner Harley Street geschrieben, ist das Stück ein Paradebeispiel für das fast telepathische Teamwork von Lennon/McCartney. Nebeneinander am selben Klavier sitzend, arbeiteten die beiden in einer Art Wettkampfsituation die mitreißende Struktur des Lieds mit dem völlig unerwarteten Akkordwechsel von h-Moll nach G-Dur aus. Es wurde der bis heute vielleicht signifikanteste Beatles-Song, voll von dynamischen Kontrasten in einer perfekten Architektur. Dank der fröhlichen Energie dieser scheinbar naiven Nummer schafften die Beatles endlich auch in den USA ihren Durchbruch und rissen mit diesem Nummer-eins-Hit das Land nach der Ermordung John F. Kennedys aus seiner Lethargie. Vielleicht trifft die Charakterisierung von Ian MacDonald am besten die betäubende Körperlichkeit des Songs: »Der epochale Wandel, den amerikanische Zuhörer in ›I Want to Hold Your Hand‹ spürten, war im Grunde nichts anderes als ein Wiederaufleben des sorglosen Sensualismus des Rock 'n' Roll der fünfziger Jahre, wenn auch mit höherer Intensität. […] Das allerdings (und das wussten die konservativen Kommentatoren ganz genau) bedeutete einen fundamentalen Bruch mit dem christlich-bürgerlichen Status quo. Ohne bewusst subversive Absichten begingen die Beatles mit dieser durchschlagend erfolgreichen Platte kulturell gesehen einen revolutionären Akt.« Nicht allein der Dichter Allen Ginsberg behauptete später, »I Want to Hold Your Hand« habe das gesamte amerikanische Leben verändert und eine neue Ära eingeläutet.

Diese neue Ära hatte zwar in England schon begonnen (hier gab es bereits mehr als eine Million Vorbestellungen für die Single, die dann zum ersten Weihnachtshit des Liverpooler Quartetts avancierte), doch richtig auf Touren kam sie mit dem Auftritt der Beatles am 4. November 1963 in der »Royal Command Variety Performance« im Prince of Wales Theater in London. Sie waren an siebter Stelle in einem Programm mit insgesamt neunzehn Acts gebucht; unter anderem wurde an diesem Abend Marlene Dietrich von Burt Bacharach am Piano begleitet. Von Anfang an übertönte eine Lärmwoge wimmernder und kreischender Mädchen den Auftritt der Beatles. Den »Royals« – anwesend war neben der Queen Mother und dem Earl of Snowdon auch Prinzessin Margaret – machte das alles großen Spaß, vielleicht auch deshalb, weil sie als einzige auf den vorderen Rängen die Musik noch akustisch wahrnehmen konnten. Lennons Ansage vor der letzten Nummer ›Twist and Shout‹ war jedenfalls gut zu verstehen: »Auf den billigen Plätzen darf jetzt geklatscht werden, die anderen brauchen nur mit ihrem Schmuck zu klimpern.« Lennons berühmte Ansage klang damals ein bisschen frech, aber immer noch lausbubenhaft charmant. Immerhin half sie, John Lennon den Ruf eines unentwegten »working class hero« einzutragen, der Klassenunterschiede betont und seine Herkunft aus der Liverpooler Unterschicht nie verleugnet hat. Glaubt man allerdings den Recherchen von Albert Goldman, Lennons unfreundlichem Biographen, war diese spontan wirkende Ansage in Wahrheit als Gag sorgfältig geplant und diente ausschließlich der Selbststilisierung Lennons. Schon vor dem Auftritt hatte Lennon hinter der Bühne verkündet: »Ich bin gespannt, wie sie reagieren, wenn ich sie bitte, mit ihren verdammten Juwelen zu rasseln.«

Dieses Konzert mit seinen vier Songs (›She Loves You‹, ›Till There Was You‹, ›From Me to You‹ und ›Twist and Shout‹) geriet zum berühmten »turning point« in der Karriere der ›Fab Four‹. Denn die englischen Zeitungen titelten voller Sympathie am nächsten Tag: »Beatles Rock Royals«. Der *Daily Mirror*, Klatschblatt der britischen Nation mit mehr als sechs Millionen Lesern, ging noch weiter: »Es war einfach erfrischend, zu erleben, wie diese grölenden jungen Beatles Royals und Adlige im mittleren Alter einfach beim Kragen packten und zwangen, sich wie Teenager im Beat-Rhythmus zu bewegen.«

Jedenfalls konnten die Beatles damals durch solche kleinen Unverschämtheiten ihren Ruf als nette junge Männer nur noch verstärken. Tourneen durch ganz Europa – für den deutschen Markt nahmen sie während ihres Paris-Aufenthalts speziell die auf Deutsch gesungenen Titel ›Sie liebt dich‹ und ›Komm, gib mir deine Hand‹ auf –, durch Australien und im Februar 1964 durch die USA ließen die

»Beatlemania« weltweit hochkochen und Kritiker besorgt von einer »British invasion« sprechen. Schon auf dem Flughafen in New York wurden die Liverpooler von einer tobenden Fan-Gemeinde erwartet. In der anschließenden, völlig durchgeknallten Pressekonferenz wurde George Harrison – der normalerweise weniger witzig wirkte als die ›Gruppensprecher‹ Lennon/McCartney – gefragt, warum er so wenig lächle. »Ich würde mir die Lippen verletzen«, war seine schlagfertige Antwort.

Am Sonntag, den 9. Februar, trat die Band in der »Ed Sullivan Show« auf – vor 73 Millionen Zuschauern. Ein einziger Auftritt genügte, um ein ganzes Land zu elektrisieren. Nachfolgende Konzerte im Washington Coliseum und in der New Yorker Carnegie Hall trieben die Fans in völlige Verzückung. Auch ihre nächste Single ›Can't Buy Me Love‹ stürmte beiderseits des Atlantiks die Hitparaden – mit mehr als zwei Millionen Vorbestellungen in den USA und einer Million auf der heimischen Insel, obwohl einige Kritiker hier fälschlicherweise ein Loblied auf die Prostitution vermuteten. Paul McCartney, der hauptsächlich für dieses Lied verantwortlich ist, hat dies immer wieder vehement von sich gewiesen.

Hilfe, wir haben einen Orden!

Die Dinge überschlugen sich: Richard Lester begann Anfang 1964 mit den Dreharbeiten für den ersten, mehr oder weniger spontan entstandenen Beatles-Film *A Hard Day's Night*. Der in England lebende Regisseur war für diese Aufgabe eine glückliche Wahl. Seinen ersten Pop-Film, *It's Trad, Dad*, mit Helen Shapiro in der Hauptrolle, hatte er bereits 1962 in die Kinos gebracht. Er galt als einer der Pioniere jenes Cinéma-Vérité-Stils mit authentischen Handkameras, den D. A. Pennebaker später in Dylan-Filmen wie *Don't Look Back* oder *Eat the Document* auf die Spitze treiben sollte.

Mit einem läppischen Budget von zweihunderttausend Pfund ausgestattet, brachte Lester die wilde Verfolgungsgeschichte dennoch auf zeitgemäße Touren. Am Tag seiner Premiere im »London Pavillon« in Anwesenheit von Prinzessin Margaret und dem Earl of Snowdon musste der Piccadilly Circus gesperrt werden, weil mehrere tausend Fans das Areal belagerten. *A Hard Day's Night* wurde ein durchschlagender Erfolg, spielte auf Anhieb mehr als vierzehn Millionen Dollar ein und zog zahlreiche fremdsprachige Versionen nach sich. In Deutschland hieß der Film *Yeah Yeah Yeah – Die Beatles*. Der Filmkritiker des *Daily Express*, Leonard Mosley, brachte damals die Wirkung des Streifens auf den Punkt: »It's a mad, mad, mad, mad film, man. Nothing like it since the Goons on radio and the Marx Brothers in the thirties.« Immerhin war George Harrison während einer Eisenbahn-Szene auf dem Londoner Bahnhof Paddington Station seiner späteren Frau, dem Fotomodell Pattie Boyd, zum ersten Mal begegnet.

Alle sieben Songs, die die Beatles für ihren ersten Film schreiben sollten, entstanden gänzlich unabhängig vom Drehbuch. Nur der Titelsong hatte eine andere Geschichte: Nach einem anstrengenden Drehtag am 19. März 1964 soll Ringo Starr seiner Erschöpfung mit »It was a hard day's night« Ausdruck verliehen haben. Der Spruch machte in den folgenden Tagen auf dem Set die Runde und wurde bald als Filmtitel übernommen. Allein der brachiale Gitarrenakkord am Anfang besitzt eine aufstörende Signalwirkung: Obwohl wir müde sind, geht das Leben jetzt erst richtig los!

Das gleichnamige Soundtrackalbum enthielt mit dem Titelsong, ›I Should Have Known Better‹, ›And I Love Her‹ und ›Things We Said Today‹ kommende Klassiker. Keine Fremdkomposition konnte sich hier mehr zwischen die dreizehn neuen Lennon/McCartney-Songs drängen. Inzwischen hatte George Harrison mit der neuentwickelten zwölfsaitigen »Rickenbacker«-Gitarre ein weiteres Instrument in die Hand bekommen, das mit seiner volltönenden flirrenden Charakteristik den Sound der Sixties nachhaltig prägen sollte.

Neue Stücke wurden jetzt fast nur noch während der aufreibenden Tourneen rund um den Erdball geschrieben. So auch die Songs für das nächste Album *Beatles for Sale* (1964), das mit ›I'm a Loser‹ einen deutlich von Bob Dylan inspirierten Song enthält. Lennon übernimmt hier Tonfall und Stimmung von Dylans epochalem Album *Freewheelin'* (1963). Der etwas verquälte Text schwankt zwischen autobiographischem Bekenntnis und Selbstironie. Darauf angesprochen, erklärte Lennon: »Ein Teil von mir glaubt, dass ich ein Verlierer bin, und ein Teil denkt, ich bin Gott der

Allmächtige.« Harrison brilliert einmal mehr mit einem an Carl Perkins erinnernden Solo und macht klar, dass er sich all die lässigen Rockabilly-Licks von Chuck Berry über Buddy Holly und Perkins bis zu Scotty Moore zu einem unverwechselbaren Personalstil anverwandelt hat.

Wie die Beatles unter der Ägide von George Martin eine noch unfertige Idee im Studio zu einem perfekten Song entwickeln konnten, dokumentiert ›Eight Days a Week‹. Der Titel geht wie schon ›A Hard Day's Night‹ auf eine der lakonischen Formulierungen von Ringo Starr zurück. Jedenfalls mutierte das Stück von einer vokalen Eröffnung zu einem der berühmtesten, da erstmals eingeblendeten Gitarren-Intros der Pop-Geschichte.

Langsam wurde den Beatles ihr eigener hart erkämpfter Ruhm unheimlich: Ausflüge in die Städte waren nur noch unter Polizeischutz möglich, Hotels mussten von Hundertschaften Polizisten vor ausgeflippten Fans abgeschottet werden, in den Konzerten waren vor lauter Kreischen die eigenen Texte kaum noch zu verstehen. Trotz der neuentwickelten Hundert-Watt-Verstärker »Vox AC-100«, der stärksten damals auf dem Markt erhältlichen Amps, war von den Finessen der Beatles-Kompositionen auf ihrer ersten US-Tournee im Sommer 1964 mit sechsundzwanzig Terminen kaum noch etwas zu hören. Das live mitgeschnittene Konzert in der »Hollywood Bowl« legt davon unfreiwillig Zeugnis ab. Subtile Stücke wie ›I Feel Fine‹ waren hier gar nicht mehr zu spielen.

›I Feel Fine‹, im November 1964 als Single veröffentlicht, dokumentiert das erste Aufnahmeexperiment der Gruppe. Sein Gitarren-Intro besteht aus dem in der Geschichte der Plattenproduktion ersten kontrollierten Feed-

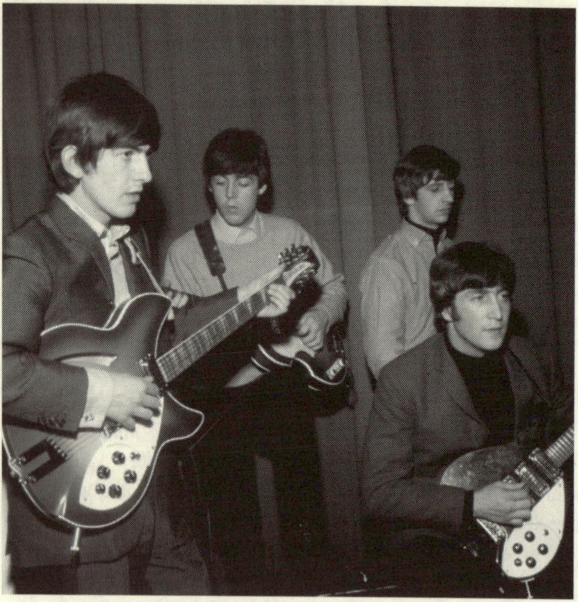

Immer auf der Suche nach dem ultimativen Gitarrensound (1964)

back-Einsatz im Studio: Während Paul ein tiefes A anschlug, produzierte Lennons Gitarre eine Rückkoppelung, weil sein Tonabnehmer Richtung Verstärker zeigte und er dabei den Lautstärkeregler voll aufdrehte. Es war ein Gimmick, der den Beatles so gut gefiel, dass sie diesen Effekt auf der Aufnahme beließen. Während der im Studio damals anwesende Toningenieur Geoff Emerick behauptet hat, das Feedback sei zufällig entstanden, sagt George

Martin, John Lennon habe es ganz bewusst für den Anfang von ›I Feel Fine‹ erzeugt. Jedenfalls waren die Beatles die ersten, die lange vor The Who und Jimi Hendrix Rückkoppelungen kontrolliert in ihren Sound einarbeiteten. Weiteres Neuland betrat die Band mit ihrer nächsten Single im Vorfeld ihres zweiten Klamauk-Films, *Help!*.

Der Song ›Ticket to Ride‹ mit seinem surreal anmutenden Text wurde später von John als »eine der frühesten Heavy-Metal-Aufnahmen überhaupt« bezeichnet. Es ist der massive, metallische Sound einer »Fender Stratocaster«, der das Stück prägt. Paul McCartney spielt hier neben Harrison eine zweite Leadgitarre. Im Zusammenspiel mit dem schweren Rhythmus von Ringos Tom-Toms entsteht eine melodramatische, ja fast unwirkliche Atmosphäre, die es bis dahin in der Rockmusik noch nie in einem Song gegeben hatte. Er weist in seiner Mischung aus Lethargie und Verzückung auf die kommenden psychedelischen Stücke der Band wie ›Tomorrow Never Knows‹ hin. Das Wörtchen »sad«, das in zahlreichen Beatles-Songs auftaucht, hat in ›Ticket to Ride‹ eine zentrale Bedeutung; durch die betörende Schwerfälligkeit des Rhythmus wird es auch klanglich übersetzt. Ian MacDonald spricht in Bezug auf Lennons Text von einer »betäubenden Passivität«, weil der Sänger hier keinerlei Anstrengungen unternimmt, das Mädchen, das ihn verlassen will, umzustimmen oder zurückzuhalten. Kein Wunder, dass diese stilisierte Lethargie in der Lovesong-verseuchten Popkultur der 1960er Jahre ein schockierendes Novum war. Nicht zuletzt die Plattenfirma zweifelte zunächst am kommerziellen Erfolg der neuen Beatles-Single, war es doch die erste Platte der ›Fab Four‹, die die magische Grenze von drei Minuten überschritt. Doch Nummer-eins-Notierungen in den englischen und den US-Charts zerstreuten die Zweifel. Und wieder einmal spielte es keine Rolle, dass weder in der englischen Heimat noch in Amerika jemand den wahren Hintergrund des surrealistisch anmutenden Titels ›Ticket to Ride‹ verstand: Er entstammt einem Wortspiel des passionierten Sprachjongleurs Lennon, der nicht lange zuvor mit McCartney von Portsmouth mit der Fähre nach Ryde, einem Hafenstädtchen auf der Isle of Wight, gefahren war.

Vier Tage vor der Aufnahme, am 11. Februar 1965, hatten Ringo Starr und Maureen Cox den Bund fürs Leben geschlossen – in London wurden an jenem Tag Hunderte junger Mädchen in schwarzer Trauerkleidung gesichtet. Zehn Tage später verließen die Beatles England in Richtung Bahamas, um dort mit ersten Dreharbeiten für ihren zweiten Film zu beginnen. Der Filmfreak Ringo sollte seine schauspielerischen Fähigkeiten erneut unter Beweis stellen: »Die Handlung von *Help!* drehte sich um mich, das Motiv des Rings und natürlich um Kaili. Ich spielte die Hauptrolle und ich glaube, das lag an meiner Begeisterung für den ersten Film.« Doch das Projekt – ursprünglich trug das Filmskript den Titel »Eight Arms to Hold You« und war für Peter Sellers gedacht – stand unter keinem guten Stern. Trotz der erneuten Regie von Dick Lester war das Ganze schlampig organisiert und erschöpfte sich letztlich in einer albernen, zusammenhanglos wirkenden Szenenfolge, als ein »holiday picture«. Schon die Wahl des Drehorts Nassau auf den Bahamas hatte einen kuriosen Grund: Aus steuerlichen Gründen war der Finanzberater der Beatles, Dr. Walter Strach, auf die Bahamas gezogen, und er überzeugte das Quartett, mit einem Besuch in der britischen Kronkolonie könne man doch dem Mutterland elegant seine Reverenz erweisen. Ihr anschließender Dreh in den österreichischen Alpen musste, da die Beatles bis dahin nie auf Skiern gestanden hatten, zwangsläufig in einem Schnee-Klamauk enden. Auch die dritte Station in den Londoner Twickenham-Filmstudios konnte den Film nicht mehr retten. Kein Wunder, dass die Beatles später bekannten, sie hätten sich wie Fremdkörper in ihrem eigenen Film gefühlt: »Wir wussten nie richtig, um was es eigentlich ging.« In dem damals führenden Pop-Fachblatt *New Musical Express* schrieb Chris Hutchins: »Diese Top-World-Entertainer können sich in ihrem zweiten Film weder bewegen, noch können sie sprechen oder singen. Sie agieren wie Wachspuppen!« Schon die bemühte deutsche Titelgebung *Hi-Hi-Hilfe!* sagte alles.

Doch sechs Wochen vor der Film-Weltpremiere von *Help!* am 29. Juli 1965 sorgten die Beatles erneut für einen Skandal, der das festgefügte Klassensystem in England erschütterte. Denn im Juni hatte das britische Königshaus offiziell verkündet, man wolle dem Liverpooler Quartett wegen seiner Verdienste um das Ansehen Großbritanniens in der Welt den Orden »Member of the British Empire (M. B. E.)« verleihen. Zwar handelt es sich bei dieser Auszeichnung – 1917 von King George IV. eingerichtet und in Deutschland dem Bundesverdienstkreuz vergleichbar – um den untersten Rang in der britischen Ordenshierarchie, doch am Tag nach der Bekanntgabe brach unter den Ordensträgern ein Sturm der Entrüstung los. Zahlreiche M.-B.-E.-Inhaber schickten aus Protest gegen diese – in ihren Augen – »Entwertung« der Auszeichnung ihre Medaille zurück. Doch die offizielle Mitteilung des Buckingham Palace, die Beatles – als erste Rockband – zu »Members of the British Empire« zu ernennen, sorgte weltweit für Aufsehen und ließ die Plattenverkäufe der ›Fab Four‹ sprunghaft ansteigen. Trotz des kommerziellen Effekts war Brian Epstein tief deprimiert darüber, dass man nicht auch ihn für die Ordensverleihung vorgeschlagen hatte. Seinem Lebensgefährten Geoffrey Ellis gegenüber vermutete er, man habe ihn bewusst übergangen, weil er »schwul und jüdisch« sei. Doch die Presse sprang ihm zur Seite: M. B. E. stehe für »Mister Brian Epstein«!

Die Ordensverleihung selbst, am 26. Oktober 1965, entwickelte sich zu einer eher surrealen Veranstaltung voller kommunikativer Missverständnisse: Als Queen Elizabeth die silbernen Medaillen den Beatles überreichte, fragte sie zuerst Paul McCartney: »Wie lange ist die Band schon zusammen?« Der antwortete: »Oh, viele Jahre.« Und Ringo ergänzte: »Vierzig Jahre, um genau zu sein.« Dann wandte sich die Königin dem Schlagzeuger zu: »Haben Sie die Beatles gestartet?« Ringo erwiderte: »Nein, ich war der letzte, der dazukam. Ich bin der Benjamin.« Darauf sprach die Queen John an: »Mussten Sie hart für Ihren Erfolg arbeiten?« »Nein, wir waren die ganze Zeit im Urlaub«, war seine lakonische Antwort.

Lennon hatte schon im Vorfeld die größten Schwierigkeiten mit der Ordensannahme – sie warfen ein Schlaglicht auf seine Identitätsprobleme. Zunächst gab er noch ironisch zu Protokoll: »Ich dachte immer, man bekäme diesen Orden, wenn man Panzer fährt und Kriege gewinnt.« Als dann aber einige M.-B.-E.-Inhaber ihre Medaille aus Protest zurückschickten, fühlte sich Lennon verletzt und tönte, dass diese jetzt so entrüsteten Armeeangehörigen ihre Orden für das erfolgreiche Töten von Menschen bekommen hätten. »Wir erhielten unsere für Unterhaltung. Ich glaube deshalb, wir haben die Auszeichnung eher verdient.«

Doch diese Episode blieb ein Stachel im Fleisch des antibürgerlichen Lennon. Im März 1970 – die berühmteste Popgruppe der Welt stand kurz vor ihrer Auflösung – gab John der französischen Zeitung *L'Express* in einer Art rhetorischem Befreiungsschlag zu Protokoll, die Beatles hätten 1965 vor der Ordensverleihung in den Toiletten des Buckingham Palace Marihuana geraucht. Obwohl das offenkundig nicht stimmte, war es für Lennons Selbstwertgefühl enorm wichtig, sich mit dieser späten Verächtlichmachung der Zeremonie (»Es liegt doch auf der Hand, dass auf Ordensverleihungen Toiletten zur Verfügung stehen«) aus der Umarmungsgeste des Establishments herauszuwinden. Doch damit nicht genug: Lennon ließ von seinem damaligen Chauffeur Les Anthony den ihm inzwischen verhassten M.-B.-E.-Orden, den er seiner Tante Mimi zur Aufbewahrung überlassen hatte und der einen Ehrenplatz auf ihrem Fernseher einnahm, abholen. Die Tante rückte den Orden nur zögerlich heraus – mit den Worten: »Sagen Sie John aber, er soll nicht vergessen, dass er mir gehört und dass ich ihn zurückhaben will.« Doch John dachte nicht daran. Er wickelte die Medaille in braunes Packpapier und schickte ihn der Queen zurück, mit den Worten: »Ich gebe diesen M.-B.-E.-Orden aus Protest gegen das britische Engagement in Nigeria-Biafra, aus Protest gegen unsere Unterstützung der USA im Vietnamkrieg und aus Protest gegen den Abstieg von ›Cold Turkey‹ in der Hitparade zurück. In Liebe, John Lennon.« Einen

Brief desselben Inhalts schickte er auch an den Premierminister. Kein Wunder, dass seine geliebte Tante Mimi erbost war: »Mit dieser Aktion hat er mir das Herz gebrochen«, erklärte sie. Später bereute Lennon die selbstverliebte Erwähnung seines Songs ›Cold Turkey‹ in jenem Protestbrief. Und auch wenn er den Orden zurückgab, konnte er doch die Ehrung als solche nicht rückgängig machen, nachdem er sie im Jahr 1965 akzeptiert hatte. Paul, George und Ringo hatten übrigens keinerlei Probleme mit der Ordensannahme.

Die hatten sie auch nicht im Jahr 1965 mit der Tatsache, dass John Lennon den Titelsong ihres neuen Albums *Help!* fast im Alleingang beisteuerte. Später bezeichnete er ihn als einen seiner ersten »message songs«. In seinem neuen, riesigen Haus in Weybridge geschrieben, spiegelte der Song den desolaten Zustand seines Verfassers wider. Lennon aß und trank zu diesem Zeitpunkt zu viel, er fühlte sich ausgebrannt, kam mit seinem weltweiten Ruhm nur schlecht zurecht, flüchtete sich auf Tourneen aus seiner Ehe mit Cynthia in wilde Orgien mit Drogen und Unmengen von Alkohol, fühlte sich von seiner Frau zunehmend unverstanden, kurz gesagt: ›Help!‹ war ein authentischer Hilfeschrei. Lennon befand sich damals nach eigener Aussage in einer »Fat-Elvis-Periode« – er war ebenso übergewichtig und desorientiert wie der ›King‹. Gleichzeitig hatte ›Help!‹ für Lennon einen entlastenden, kathartischen Effekt: Erstmals nach dem Tod seiner Mutter konnte er hier seine innersten Gefühle zeigen. In dem sarkastischen Interview, das John 1970 Jann Wenner, dem Herausgeber des *Rolling Stone*, gab, machte er unmissverständlich klar: »Die einzigen echten Songs, die ich je geschrieben habe, waren ›Help!‹ und ›Strawberry Fields Forever‹. Das waren sehr persönliche Lieder. Das waren diejenigen, die ich aus ureigener Erfahrung schrieb und bei denen ich mich nicht in eine Situation hineinversetzen oder eine nette Geschichte erfinden musste, die ich eigentlich als unecht empfand. Der Text von ›Help!‹ ist heute noch so gut, wie er damals war. Ich allein war es, der um Hilfe rief, und ich meinte es so!« Kein Wunder, dass der Song auf einem melancholischen h-Moll-Akkord beginnt. In der Tönung von Lennons Stimme schwingt Ehrlichkeit mit, die geradezu um Erlösung bettelt. Auf beiden Seiten des Atlantiks spülte diese treibende Direktheit den Song für Wochen auf Platz eins der Charts.

Überhaupt enthielt das Album *Help!* (1965) mit dem elegischen – und erstmals rein akustisch begleiteten – Song ›You've Got to Hide Your Love Away‹ (einer neuerlichen verdeckten Dylan-Hommage) und dem atemlos sprudelnden ›I've Just Seen a Face‹ weitere Highlights, die den neuen, eher introspektiven Stil der Beatles andeuteten. ›You've Got to Hide Your Love Away‹ spielt auf die Hemmungen des jugendlichen Dichters Lennon an, der sich mit seinen wahren Empfindungen am liebsten hinter einer Mauer aus Aggression und Zynismus verschanzte. Eine andere Deutung des Lieds schreibt Lennon eine verdeckte Reflexion über seine Beziehung zu Brian Epstein und dessen Homosexualität zu. Jedenfalls passte die sanfte Selbstbezüglichkeit des Lieds im anglo-amerikanischen Folk-Gewand zu dem neuen, ›ernsthaften‹ Beatles-Stil.

Am deutlichsten wird diese Wandlung in dem Jahrhundert-Song ›Yesterday‹. Er ist bis heute das am meisten gecoverte Musikstück der Schallplattengeschichte mit weit über zweitausend verschiedenen Versionen. McCartney erinnert sich: »Ich wohnte in so 'ner kleinen Wohnung oben unterm Dach, und ich hatte ein Klavier neben dem Bett. Eines Morgens wachte ich auf mit so 'ner Melodie im Kopf. Es klang wie ein altes Jazzlied, und weil mein Vater 'ne Menge alter Jazz-Themen kannte, hatte ich mich vielleicht an so was erinnert. Ich ging sofort zum Klavier und fand die richtigen Akkorde. Es war wohl G-Dur, dann fis-Moll-7 und eine Art von H-Akkord. Ich prägte mir das fest ein, und dann ging ich damit bei allen meinen Freunden hausieren. Es war eine kleine gute Melodie, aber ich konnte sie eigentlich nicht geschrieben haben, weil ich sie gerade erst geträumt hatte. So viel Glück gibt's gar nicht.« Die intuitive Klarheit dieses Lieds, seine präzise Sehnsucht, seine magische Melodieführung und die klassische Klangfarbe durch ein Streichquartett, die George Martin sich erstmals für die Album-Version ausdachte, all das macht ›Yesterday‹ zu einem bis heute gültigen Meisterwerk. Von jetzt an glichen die Lieder Paul McCartneys mehr und mehr einer unendlichen Sehnsuchtsmelodie – alterslos und zeitgemäß zugleich.

Signalisierte das Album *Help!* schon neue musikalische Ansprüche und kompositorische Finesse, so symbolisieren die nachfolgenden Alben *Rubber Soul* (1965) und *Revolver* (1966) ein lyrisches Vokabular und eine Komplexität der Empfindungen, die man der Gruppe niemals zugetraut hätte. Mit diesen beiden Alben überschritten die Beatles bewusst die Grenze zum komplett und durchdacht gestalteten Kunstwerk. Inzwischen waren die einstigen Liverpooler Kellerkinder an politischen Themen, wie zum Beispiel dem Vietnamkrieg, höchst interessiert. Sie befassten sich mit Fragen der Menschenrechte und experimentierten mit halluzinogenen Drogen wie LSD.

Im Juni 1965 kam Lennons zweite Sammlung mit verrückten Erzählungen, Nonsens-Lyrik und Cartoons unter dem Titel *A Spaniard in the Works* auf den Markt. Schon mit seinem ersten Büchlein *In His Own Write* vom März 1964 hatte sich der Songschreiber der Beatles als ernstzunehmender Literat von eigener Statur etabliert. Es scheint, als habe sich Lennons überbordende Phantasie ein zusätzliches Ventil gesucht. Während sein Pop-Ego noch von »diamonds and rings« sang, formulierte er als Schriftsteller verrückte Parodien, surreale ›low life‹-Geschichten und rachsüchtige Angriffe auf den Medienapparat. Seine Sprachschöpfungen, Alliterationen und Wortverwechselungen wurzeln zweifellos in seiner Herkunft, in dem besonderen Liverpooler Irisch/Englisch-Amalgam, das das Oxford-Englisch der oberen Klassen subversiv unterläuft. Schon mit *In His Own Write* signalisierte Lennon die Abkehr von der anspruchslosen Metaphorik der Teenager-Romanze. Kein Wunder, dass der Sprachspieler dafür sogar den seriösen Foyle's-Literaturpreis erhielt. Denn seine Texte handeln nicht länger nur von süßen Zungenküssen, sondern vom »Wrestling Dog«, von »Liddypool« oder »The Fingletoad Resort of Teddiviscious«. Die assoziative Reihe setzt er mit den Titeln in seinem zweiten Buch fort. Ob »Schneeflittchen und die siechen Zwerge«, »Die sündige Sacknas« oder »Das wool Worth zum Sonntag« – immer sucht der Autor den gewohnten Sinn durch Wortverdrehungen zu unterlaufen. Anlässlich der Veröffentlichung von *A Spaniard in the Works* erklärt Lennon im Juni 1965: »Ich verändere die Wörter, weil ich oft keine Ahnung habe, was sie wirklich bedeuten.«

Von Gummiseelen, Gummisohlen und Handfeuerwaffen

Mit dem wachsenden künstlerischen Selbstbewusstsein wurden jetzt auch erste Anzeichen von Rebellion gegen Brian Epsteins Kontroll-Management spürbar. Im Sommer 1965 stand jedoch noch einmal eine USA-Tour auf dem Programm. Nach triumphalen Auftritten in der »Ed Sullivan Show« und im »Shea Stadium« von New York waren die Beatles Ende August an der Westküste unterwegs und trafen sich in Hollywood häufig mit den Byrds, ihrer amerikanischen Lieblingsgruppe. Sie fachsimpelten über das Soundpotential der zwölfsaitigen »Rickenbacker« – denn nicht nur George liebte Roger McGuinns »Glöckchen-Klang« auf diesem Instrument in dem Dylan-Song und Byrds-Cover-Hit ›Mr. Tambourine Man‹. Am Ende trug Harrison eine Nickelbrille, ähnlich der von McGuinn.

Doch es war nicht alles eitel Sonnenschein auf dieser US-Tour: Auf dem Flug nach Los Angeles am 23. August 1965 fing ein Triebwerk der Maschine Feuer, der Kapitän brachte die panisch entsetzten Passagiere schließlich wohlbehalten ans Ziel. Als Ringo gefragt wurde, was er beim Brennen des Triebwerks gedacht habe, antwortete er spontan: »Frauen und Beatles zuerst!« Welche Kluft sich zwischen den Empfindungswelten des unkomplizierten, zumeist gutgelaunten Drummers und des immer mehr verdüsterten Lennon in diesen Tagen auftat, mag ein Brief markieren, den John aus Bel Air an seine Frau Cynthia schrieb: »Ich verbringe Stunden in Umkleidekabinen und so weiter und denke an die Zeit, die ich damit verschwende, anstatt bei Julian zu sein und mit ihm zu spielen. Du weißt, ich denke gern an diese verdammte Zeit zurück, als ich herumsitzen und eine beschissene Tageszeitung lesen konnte, während er bei uns ist. Und ich denke, dass alles falsch gelaufen ist! […] Ich höre jetzt auf, weil ich mich nur selbst herunterziehe, wenn ich darüber nachdenke, was für ein gedankenloser Scheißkerl ich doch bin.« Auch das eingangs erwähnte ›historische Treffen‹ während der 65er US-Tour mit ihrem Idol Elvis brachte nicht die erhoffte künstlerische Genugtuung.

Nach ihrer Rückkehr auf die Insel begannen John und Paul im September, Songs für ihr nächstes Album zu schreiben. Gleichzeitig erklärte Lennon in einem Interview, dass es ein Fehler gewesen sei, einen so oberflächlichen Film wie *Help!* zu drehen. Das neue Selbstbewusstsein der Beatles, musikalische Innovationen wie der Fuzz-Bass von McCartney oder das Sitarspiel von George Harrison, der Mut zu komplexeren Lyrics – all diese Einflüsse und Tendenzen kulminierten in ihrem nächsten Album *Rubber Soul* (1965). Mit der Harrison-Komposition ›If I Needed Someone‹ enthält es ein Stück ganz im Stil der Byrds, mit ›Norwegian Wood‹ einen Titel, in dem erstmals der Text wichtiger war als die Musik. Die Band versteht das Album jetzt nicht mehr als Sammlung von unverbundenen Einzeltiteln, sondern als Song-Zyklus. Die Platte enthält fast ausschließlich Liebeslieder; dabei werden Lust und Leid in jedem Song aus verschiedenen Perspektiven thematisiert. ›The Word‹ behandelt Liebe im allgemeinen, nicht als zwischenmenschliche Angelegenheit. ›Michelle‹ vertraut ganz konventionell auf den romantischen Gehalt der Liebe, während ›You Won't See Me‹ von der Unmöglichkeit einer Verbindung handelt.

›Norwegian Wood‹, ein Song über einen One-Night-Stand, fasziniert durch seine Unbestimmtheit. Erstmals setzt Harrison hier eine Sitar ein. Während die einen behaupten, Jimmy Page von den Yardbirds habe nach den Aufnahmen für deren Song ›Heart Full of Soul‹ Ende März 1965 einem indischen Session-Musiker eine Sitar abgekauft und sie Harrison gezeigt, weisen andere auf den Einfluss von Ravi Shankar hin, den George angeblich durch die Byrds kennengelernt haben soll. Jedenfalls deutet auch die abfallende, an indische Raga-Intervalle erinnernde Melodielinie von ›Norwegian Wood‹ auf das Interesse an orientalischer Musik hin. In ›Girl‹ singt Lennon vom Standpunkt einer Fliege, die sich im Netz der Liebe verfangen hat.

In ›In My Life‹ vergleicht Lennon die Aufbruchskraft einer neuen Liebe mit der Erinnerungsschwere früherer Orte, Freundschaften und Liebeserfahrungen. Das Konzept dieses Songs nahm seinen Anfang als Geschichte einer Busfahrt von Lennons früherem Zuhause in Liverpools Menlove Avenue in die Stadtmitte. Lennon erinnert sich in dem langen Gedicht an wichtige Orte seiner Kindheit, wie Penny Lane, Strawberry Fields, das Tom Shed's Depot, das Abbey Cinema oder »Docker's Umbrella« – die alte Hochbahn, die an der Seite der Liverpooler Docks entlangläuft und unter der die Hafenarbeiter bei Regen immer Zuflucht suchten. Bei allem oft zur Schau gestellten Sarkasmus war Lennon eben doch ein sentimentaler Mensch, der nicht zufällig sein Leben lang ein kleines Kästchen mit »childhood mementos« mit sich herumschleppte und noch in den späten Siebzigern seine Tante Mimi bat, ihm doch seine geliebte Schulkrawatte von der Quarry Bank

High School zu schicken. Später erklärte Lennon zu diesem autobiographisch gefärbten Lied: »Bei der Zeile mit den Freunden, von denen einige noch leben, andere schon gestorben sind, habe ich nicht zuletzt an Stuart Sutcliffe, unseren alten Weggefährten, gedacht.« Weil Paul McCartney am Mittelteil des Lieds mitgewirkt hatte, behauptete er später, die Musik allein geschrieben zu haben. Doch der ruhig dahintreibende Fatalismus von ›In My Life‹ deutet eher auf Lennon als Urheber der prägenden Melodielinie. Mit dem cembaloähnlichen Solo des E-Pianos, das zuerst mit halber Geschwindigkeit und eine Oktave tiefer aufgenommen wurde und anschließend bei normaler Geschwindigkeit mit seinen obertonreichen Trillern eine perfekte Barock-Imitation ergab, lieferte George Martin hier nach ›Yesterday‹ abermals einen instrumentalen Beitrag zu einem Beatles-Album.

Natürlich ist ›Nowhere Man‹, eine weitere zweifelnde Introspektion John Lennons, kein direkter Liebessong. Der Text erzählt von den Schwierigkeiten der Identitätsfindung, den ständigen Aufs und Abs der Ich-Suche und der Sehnsucht nach Akzeptanz. Nicht zuletzt das drahtige Solo Harrisons – auf seiner »Fender Sonic Blue Stratocaster« eingespielt – markiert am Ende mit einem leuchtenden Flageolett-Ton den Wunsch nach Einfachheit und Einklang. John erklärte später dem Beatles-Biographen Hunter Davies, der Song sei weder eine philosophische Meditation über den Glaubensverlust in der modernen Gesellschaft gewesen, noch sei er an eine bestimmte Person adressiert – er selbst habe sich als »nowhere man« gefühlt, als Mensch mit einem zerrissenen Ego, einer aus den Fugen geratenen Persönlichkeit. Ähnlich wie schon in

›I'm a Loser‹ oder ›Help!‹ formt Lennon hier aus der selbstempfundenen Unzulänglichkeit ein großes künstlerisches Manifest. Das Leben scheint sich nur noch darin zu erschöpfen, eine liebgewonnene Illusion über die eigene Person aufrechtzuerhalten. Im frühen Morgengrauen, nach vergeblichen Versuchen, etwas für das neue Album zu schreiben, habe der Text sich ihm »mitgeteilt«, so Lennon. In einem Interview mit Andy Peebles von der BBC beschreibt Lennon am 6. Dezember 1980, kurz vor seiner Ermordung, das Gefühl, sich als ein »passives Medium« zu fühlen, durch das die »Musik der Sphären« einfach hindurchströme, wenn er erst einmal sein Selbstbewusstsein losgelassen habe.

Das Wortspiel im Plattentitel *Rubber Soul* (›Gummiseele‹ statt ›Gummisohle‹) geht nach McCartneys Erinnerung übrigens auf eine Formulierung zurück, die er in den USA von schwarzen Musikern aufschnappte. Die hatten sich abfällig über die Musik britischer Rhythm-'n'-Blues-Bands als »plastic soul« geäußert. Von Plastik zu Gummi war es nur ein kleiner Schritt; und die – wie Schuhe geformten – Titel-Buchstaben auf dem Cover, verbunden mit dem Gummilinsen-Effekt des »Fischaugen«-Fotos der vier, intensivierten die schwebende Unbestimmtheit der ›weichen‹ Symbolik. Die Harrison-Komposition ›Think for Yourself‹ ist nicht zuletzt deshalb interessant, weil hier erstmals ein Prototyp des »Vox Tone Bender«, eines Verzerrers, zu hören ist. McCartney bekannte damals: »Ich wollte einfach jeden möglichen Effekt im Studio ausprobieren, ich war verrückt danach.«

Die Beatles wollten sich nicht mehr länger der rigiden Terminplanung Brian Epsteins mit oft mehreren Verpflichtungen am Tag unterwerfen. Das wurde spätestens klar, als sie Anfang 1966 ein von ihrem Manager vorgesehenes und bereits in der Öffentlichkeit annonciertes Filmprojekt mit dem Titel *A Talent for Loving* kurzerhand absagten. Sie hatten keine Lust, in einem fiktiven Western als alberne »Cowboys« aufzutreten. Allein Ringo hätte sich über die erneute Hauptrolle in einer mexikanischen Landschaft gefreut. *A Talent for Loving* wurde dann erst 1969 mit Richard Widmark in der Hauptrolle gedreht. Die einzelnen Bandmitglieder der Beatles aber zogen sich nach diesem geplatzten dritten Filmprojekt in die inzwischen komplett ausgestatteten Heimstudios ihrer Häuser zurück. George hatte am 21. Januar seine Freundin Pattie Boyd geheiratet – später wurde sie nach einer stürmischen Romanze die Frau des Harrison-Freundes Eric Clapton, der ihr mit ›Layla‹ ein Denkmal seines Liebesleids setzte.

Neue Song- und Sound-Skizzen der Beatles entstanden im Frühjahr 1966, Tonbandexperimente und Elektronikstudien (beeinflusst von Luciano Berio und Karlheinz Stockhausen) – vor allem von Paul McCartney. Trotz der mehrmonatigen Muße sollte 1966 für die Beatles ein schwieriges Jahr werden. Zuerst verkündete Brian Epstein am 3. März, dass die Beatles in den kommenden Monaten Tourneen durch die Bundesrepublik Deutschland, Japan, USA und England unternehmen würden. Nur einen Tag später gab John Lennon dem *London Evening Standard* ein folgenschweres Interview. Wortwörtlich sagte er in diesem Gespräch:

»Das Christentum wird abtreten. Es wird schrumpfen und verschwinden. Das brauche ich nicht weiter zu belegen; ich habe recht, und die Zukunft wird es zeigen. Wir (die Beatles) sind jetzt beliebter als Jesus; ich weiß nicht, was zuerst von der Erdoberfläche verschwindet – Rock 'n' Roll oder das Christentum. Jesus war in Ordnung, aber seine Apostel waren beschränkt und gewöhnlich. Ihre Verdrehungen sind es, die mir die ganze Sache verleiden.«

Zunächst ließen Reaktionen auf diese missverständlichen Äußerungen auf sich warten, auch nachdem Charles McCabe am 13. April 1966 Johns Äußerungen über Jesus im *San Francisco Chronicle* unter der Überschrift »Do the Beatles Top Christ?« veröffentlicht hatte. Doch Ärger war vorprogrammiert: In Japan und auf den Philippinen sollten die Beatles mit ihrem lässigen Auftreten für Straßenunruhen sorgen, in den USA entfachten sie einen religiösen Streit. Und ihre moderaten Proteste gegen den Vietnamkrieg – »Wir mögen ihn nicht. Wir denken jeden Tag darüber nach und glauben, dass dieser Krieg ein Fehler ist« – wurden ihnen von den meisten Medien verübelt. Auch Paul McCartneys Eingeständnis, mit Drogen experimentiert zu haben, erschütterte in der konservativen Medienöffentlichkeit das Wohlwollen gegenüber der Band. Das Misstrauen erreichte seinen Höhepunkt, als die Beatles am Ende ihrer USA-Konzertreise verkündeten, nie wieder auf Tour zu gehen. Zugleich wurde es das Jahr von *Revolver* (1966), einem der innovativsten Alben seiner Zeit, und es diente der Vorbereitung von *Sgt. Pepper's Lonely Hearts Club Band* (1967) – ihrem definitiven Meisterwerk.

Die Zeitung *News of the World* berichtete im Frühjahr 1966, dass in nur drei Jahren 2921 Coverversionen von Lennon/McCartney-Songs veröffentlicht worden waren. Und es ging rasant weiter: Als sich die Beatles am 6. April in den Abbey Road Studios wieder zusammenfanden,

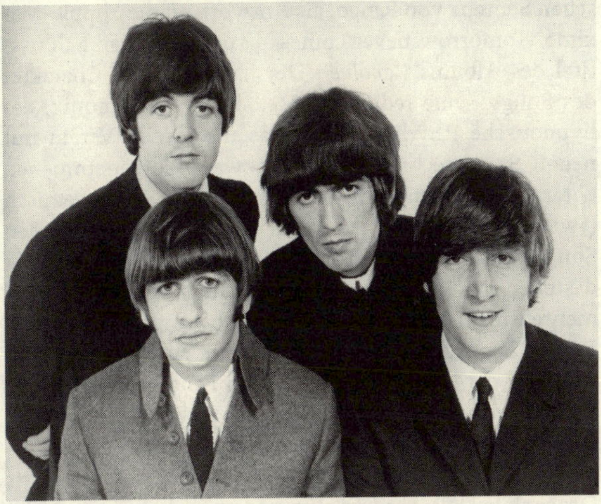

Ein selbstbewusster und komfortabler Männerbund (1965)

brachten sie eine Fülle neuer Ideen und Anregungen mit. McCartney hatte schon im Monat zuvor in einem Interview mit dem englischen Teenager-Magazin *Rave* Harrisons Interesse an indischer Musik sowie sein eigenes Interesse an Film, moderner Malerei und elektronischer Musik betont. »Wir interessieren uns plötzlich für Dinge, von denen wir nie geglaubt hätten, dass sie uns jemals begegnen würden.«

Wie weit sich die ehemaligen Lederrocker jetzt ins »electronic wonderland« vorwagten, demonstrierte schon ihre Arbeit am ersten neuen Stück, ›Tomorrow Never Knows‹ – sein Titel verdankt sich einer weiteren lakonischen Sentenz von Ringo, als Antwort auf die Hippie-Maxime »Tomorrow never comes« –, dem späteren Schlusstitel des Albums *Revolver*. Der halluzinogene Charakter des Songs, seine reduzierte Melodie und Harmonik, der hypnotische Rhythmus – all das machte im Verein mit neuen Studiotechniken wie rückwärts aufgenommenen Gitarrenlinien Harrisons und rotierendem Stimmgemisch (»wie ein Gesang von tausend Affen«, so Lennon) den Song zu einer bis dahin ohne Vergleich in der Popmusik dastehenden Soundskulptur und zum zweifellos experimentellsten Stück, das die Beatles bislang veröffentlicht hatten. Zugleich zeigt seine Geschichte, welches poetische Potential der LSD-Konsum bei John Lennon freisetzte. Er hatte in jenen Tagen von seinem Freund Barry Miles, Inhaber des Ladens »Indica Books« in der Southampton Row, ein Exemplar von Timothy Learys und Richard Alperts Drogenbibel *Psychedelic Experience* bekommen. Miles hatte ein Abkommen mit den Beatles, ihnen regelmäßig die aufregendsten Neuerscheinungen an Büchern, Magazinen und Zeitungen zu schicken, um sie auf dem laufenden zu halten. Die beiden Harvard-University-Ketzer Leary und Alpert wollten mit ihrer poetischen Nachdichtung des uralten »Tibetanischen Totenbuchs« eine Art Handbuch zur Bewusstseinserweiterung liefern, um die riskante Droge LSD in einen spirituellen Bezugsrahmen einzubinden: Die beiden abtrünnigen Psychologen glaubten, die »heilige Chemikalie« könne nachhaltig zur Erleuchtung führen.

Exkurs: Turn on, tune in, drop out!

Das 1943 von dem Schweizer Chemiker Dr. Albert Hofmann im Selbstversuch per Zufall entdeckte LSD (Lysergsäurediäthylamid) versprach Bewusstseinserweiterung durch einen »Orgasmus hinter den Augäpfeln«. Die halluzinogene Wirkung der Droge öffnete nach einem Wort des Schriftstellers Aldous Huxley »die Pforten der Wahrnehmung«. Der Begriff »psychedelisch«, den auch Leary in seinem obenerwähnten Buchtitel benutzt und der sich als magisches Wort ab 1966 weltweit verbreiten sollte, geht übrigens auf einen gewissen Dr. Humphrey Osmond zurück, der den Terminus erstmals in einem Brief an Huxley 1956 benutzte. Er setzt sich aus dem griechischen Wort *psyche* (›Geist‹ oder ›Seele‹) und *delos* (›offenbar‹, ›sichtbar‹) zusammen. Neben LSD sollten jetzt auch andere psychoaktive Substanzen wie Marihuana, Peyote, Psilocybin, Meskalin, Methedrin oder Benzedrin den Geist für die Fülle der lebensweltlichen Stimuli sensibilisieren – jener Reize, die bei normaler Gehirnfunktion als sukzessive Folge leicht zu kontrollieren sind. Unter dem Einfluss psychedelischer Drogen aber entwickelt sich für die Wahrnehmung eine betäubende Gleichzeitigkeit von Reizen, die im besten Fall die ersehnten »ozeanischen Gefühle« von Unendlichkeit freisetzen. Kosmische Empfindungen, Spiritualität und Sinnlichkeit sollten sich im Rauschzustand versöhnen, ein frei flutender Eros die Folge sein. Vor allem aber war eine Art »Depersonalisierung« das Ziel. Zum populärsten Propagandisten psychedelischer Drogen avancierte in den USA und dann in England ebenjener Timothy Leary. Der Psychologe und ehemalige Dozent der Harvard

University, der 1960 bei einem Besuch in Mexiko erstmals mit Meskalin in Kontakt gekommen war, sah in der psychedelischen Revolution den Aufbruch zu neuen Ufern menschlicher Selbsterkenntnis. In seinem wahnhaften Optimismus propagierte er: »Ein gewaltiges transzendentales Erlebnis wird jeden beeinflussen und sein Leben von Grund auf verändern.« Deshalb gründete er seine »League for Spiritual Discovery« (LSD) und wurde nicht müde, die religiösen Qualitäten der neuen »Psychedelikatessen« zu betonen.

Learys Leitsatz »Turn on, tune in, drop out« brachte die Hippie-Philosophie Mitte der 1960er Jahre auf den Punkt: Törn dich mit Drogen an und erwecke deine körperlichen und seelischen Energien, schwing dich in ein gemeinschaftliches Leben mit neuen Formen der Selbstverwaltung und steig aus dem vorhandenen Gesellschaftssystem aus. Kein Wunder, dass Lennon von dieser Philosophie fasziniert war, versprach sie ihm doch die Erlösung von allen Dämonen des andauernden Identitätskampfes und den Beschwerlichkeiten der Selbstkritik. Wenn er nur aufhören würde, sich selbst wichtig zu nehmen, wäre eine Befreiung zum friedfertigen Bei-sich-Sein die Folge.

Timothy Leary drückte es so aus: »Das tibetanische ›Buch des Todes‹ ist eigentlich ein ›Buch des Sterbens‹. Aber es ist dein Ego, nicht dein Körper, welches zuerst stirbt. Dieses Buch gilt als Grundlagenschrift des tibetanischen Buddhismus. Und sein Konzept fußt auf der Leere. Es geht darum, diese Leere des Ich zu erreichen.« Ähnlich meinte Allen Cohen, Redakteur der amerikanischen Undergroundzeitung *S. F. Oracle*: »Die Droge wäscht uns von den hinderlichen Einflüssen der Außenwelt rein.« Kein

Wunder, dass bald der Trip-Slogan kursierte: »Du musst dem Fluss in deinem Innern bis zur Quelle folgen!« Auf diesem Weg verschwimmt das Bewusstsein des Selbst, alles wird eins und Individualität zur bloßen Illusion.

Folgerichtig wurde ›The Void‹ (›Die Leere‹) auch zum ersten Arbeitstitel von ›Tomorrow Never Knows‹. Lennon entnahm die Bezeichnung aus Learys Leitsatz: »Beyond the restless flowing electricity of life is the ultimate reality – the void.« Nach Aussage von Lennons Biographen Goldmann hatte John zu Beginn des Jahres 1966 zum dritten Mal einen LSD-Trip eingeworfen. Dabei zog er Learys *Psychedelic Experience* zu Rate, las sich im Flüsterton Passagen daraus vor und nahm sie auf Band auf. Als dann die Drogenwirkung massiv einsetzte, spielte er sich die Aufnahmen vor und erlebte einen spektakulären Bewusstseinseffekt: Nach dem Abklingen der Drogenwirkung versuchte John sofort, die Triperfahrungen in einem Song einzufangen. Er hatte die Vision, dass er wie der Dalai Lama mit tausend tibetanischen Mönchen als Hintergrundchor von einem Berggipfel sänge. George Martin erzielte dann im Studio diesen Eindruck, indem er Lennons Stimme durch einen rotierenden Leslie-Speaker schickte. Durch den als Fundament unterlegten statischen Bordunklang von Bass, Tambura und Sitar sollte in der späteren Studioproduktion von ›Tomorrow Never Knows‹ eine Art kosmischer Grundton aufsteigen, in dem das Universum nachhallt. Der Beatles-Analytiker Ian MacDonald beschreibt die revolutionäre Wirkung, die die Rehabilitierung der lange in der westlichen Musikkultur vernachlässigten Bordunklänge damals hatte: »Die Stelle, wo der surrende Bordun der dunkel glänzenden Sitar auf einer Einblende dazukommt, wirkte 1966, als würde eine unbekannte spirituelle Frequenz eingestellt.« Der ganze westliche Fortschrittsglaube, der Entwicklungsfetisch der Moderne wird hier mit einem einzigen singenden Sound konterkariert: Denn Bordunmusik kennt keine Akkordentwicklung, keine harmonischen Fortschreitungen. Sie symbolisiert stattdessen die ruhige Wiederkehr des ewig Gleichen.

Wie sehr Lennon damals diesem Mystizismus verfallen war, signalisiert schon der erste Vers: »Turn off your mind, relax and float downstream, it is not dying, it is not dying.« Doch was wäre die Unwirklichkeit solcher Beschwörung ohne das bahnbrechende Sound-Design des Songs – von Ringos kosmisch verhallten Tablas bis zu den fünf verschiedenen Tape-Loops, wie man sie damals nur aus der Musique concrète kannte. Immer wiederkehrendes Möwengeschrei, Indianerlachen, Mellotron-Flöten, Streicherklänge und ein beschleunigter Sitar-Lauf – all diese damals unerhörten Soundeffekte mischen sich in dem Lied präzise zu einem bewusstseinserweiternden Pop-Panorama.

Auch in Lennons lethargischem Lied ›I'm Only Sleeping‹ experimentieren die Beatles mit variablen Bandgeschwindigkeiten und Rückwärtsabspielungen von Soli. Es ist das Hohelied auf das Bett – als Höhle, als Diwan, als Liebesnest. Lennon liebte sein Bett als Ort der Kontemplation, wo er ohne Drogenstimulation in Tagtraum-Zustände hinübergleiten konnte. Zugleich kann die verschwommene Textur des Lieds mit seinem Bekenntnis zur hellwachen Faulheit als Vorgriff auf Lennons späteren Song ›Watching the Wheels‹ (auf dem Album *Double Fantasy*) interpretiert werden. Der Autor schien seinen Halt im vormals fest verschworenen Beatles-Bund mehr und mehr zu verlieren und sich in seiner eigenen fahlen Traumwelt einzurichten. In dem berühmten Interview mit Maureen Cleave vom *Evening Standard*, in dem Lennon den skandalösen Jesus-Vergleich wagte, bezeichnete er sich als »physically lazy«: »Mich interessiert momentan weder Schreiben, Lesen, Ausgehen oder Reden. Sex ist vielleicht das einzige, was mich noch reizen könnte.« Kein Wunder, dass die Journalistin Lennon als »wahrscheinlich trägste Person in England« bezeichnete.

Von ganz ungewohnter Angriffslust beseelt ist dagegen Harrisons Komposition ›Taxman‹. Sie zielt auf die Steuergesetzgebung unter der Regierung von Premierminister Harold Wilson. Denn die Beatles, längst Pop-Großverdiener, befinden sich in der Liga der »super tax«, nach der sie 19 Schilling und 3 Pence von jedem verdienten englischen Pfund abführen müssen. Erst jetzt, im Jahr 1966, kommen die ›Fab Four‹ nach ihren exzessiven Tourneen erstmals dazu, sich mit ihren Einkünften auseinanderzusetzen. Und Harrison wettert gegen den Steuerhöchstsatz: »Wir müssen den Großteil unseres verdienten Geldes an den Staat abgeben. Sollen wir für etwas bestraft werden?« Obwohl das Lied vom Leadgitarristen geschrieben war – schon in früheren Songs wie ›Think for Yourself‹ oder ›Love You To‹ hatte Harrison seine Ernüchterung angedeutet –, hatten Lennon und McCartney sowohl textlich wie auch musikalisch ihren Anteil an der Entstehung dieser Erfolgsnummer im ›Studio Vérité‹-Stil. In der ursprünglichen Song-Skizze reimten sich noch »get some bread« auf »before you're dead«. Das war John und Paul nun doch etwas zu grobschlächtig. Erstmals wurden von den Beatles in diesem ironiefreien Protestsong die Namen lebender Personen genannt: Der amtierende Premierminister, der Vorsitzende der Labour-Partei Harold Wilson, kriegt im Background-Chorus ebenso sein Fett ab wie der Oppositionsführer der Konservativen, Edward Heath.

Trotz des Respekts, den Harrison für seinen knackigen Zwölftakter ›Taxman‹ erfuhr, litt der introvertiert auftretende Gitarrist in der Gruppe mehr als jeder andere. Bis zum *Revolver*-Album hatte er selbst nur wenige eigene Lieder geschrieben und seiner Gesangsstimme misstraut. Erst 1969 redete er sich seine Hemmungen gegenüber dem *New Musical Express* von der Seele: »Ich hatte solche Komplexe, John und Paul meine Songs vorzuspielen, dass es meistens gar nicht erst so weit kam. Denn ich wusste, dass es perfekt klingen und ich sie beim Vorspielen überzeugen musste. Aus diesem Grund habe ich eine Menge Stücke von mir gar nicht erst mitgebracht. Ich war schüchtern, zog mich zurück und wählte immer den Weg des geringsten Widerstandes.« Auch Lennon gab später gegenüber dem *Rolling Stone* zu, dass die Gruppe dem Gitarristen nie eine echte Chance gegeben habe: »Ich habe ihn wie ein nerviges Kind empfunden, das ständig herumlungerte, und ich habe Jahre gebraucht, um ihn als gleichwertiges Bandmitglied zu akzeptieren.«

Auch Ringo Starr gehörte als Sänger zu den ›Underdogs‹ im erfolgsverwöhnten Viererbund. Der Text zu seiner Paradenummer ›Yellow Submarine‹ fiel – wie schon im Falle von ›Yesterday‹ – Paul McCartney im Traum ein. Er hatte ein harmloses Kinderlied im Sinn, die Geschichte eines Jungen, der von dem Seemannsgarn eines alten Matrosen aus dem »land of submarines« so gefesselt ist, dass er beschließt, selbst zur See zu fahren.

Möglicherweise war auch Bob Dylan eine unbewusste Inspirationsquelle: Am Abend vor den ersten Aufnahmen in den Abbey Road Studios hatten sich die Beatles mit Dylan und Donovan im Londoner Savoy Hotel getroffen. Dylan, der gerade mit ›Rainy Day Women No. 12 & 35‹ in den britischen Charts war, sollte am nächsten und übernächsten Tag Konzerte in der Royal Albert Hall geben. Ein Nebenprodukt seines erneuten Zusammentreffens mit den Beatles wurde dann eine zwanzigminütige Taxifahrt, die er – völlig übermüdet und von Drogen zugedröhnt – mit Lennon durch London unternahm und die von dem Filmemacher D. A. Pennebaker mit einer Handkamera für den Film *Eat the Document* festgehalten wurde. Auch Lennon scheint in dieser surreal anmutenden Sequenz unter Drogen gewesen zu sein; er gibt einen durchgeknallten Komödianten. Jedenfalls scheint sich während dieser Taxifahrt vor allem das Unterbewusste der beiden gefeierten Songschreiber zur Sprache gebracht zu haben: Es geht neben viel angeberischem »name-dropping« (Johnny Cash, Mama Cass, Robert Johnson, Barry McGuire und andere) und gänzlich unmotivierten Beleidigungen von Kollegen unter anderem um die Bedeutung des Blues am Beispiel von Sleepy John Estes. Die Atmosphäre ist angespannt, überdreht und von einem Klima der Rivalität zwischen Lennon und Dylan geprägt. Später gab der Beatle zu Protokoll: »Geschwätz, high, wir wollten besonders witzig sein, waren richtige Schlauberger.«

Zu Donovan hatten die Beatles ein unkomplizierteres Verhältnis. Der hatte gerade sein Album *Sunshine Superman* vollendet und spielte McCartney am Tag nach dem gemeinsamen Treffen im Savoy Hotel seine neuen Songs vor. Paul revanchierte sich mit eigenen Kompositionen und bat ihn um einen Vorschlag für die Schlusszeilen von ›Yellow Submarine‹. Nach kurzer Bedenkzeit kam Donovan mit der Idee »Sky of blue and sea of green, in our yellow submarine«. Donovan erinnert sich: »Es waren gewiss keine weltbewegenden Sätze, aber sie gefielen Paul so gut, dass er sie in der Endversion benutzte.« Bei der aufwendigen Produktion des »Kinderlieds« kamen George Martin seine langjährigen Erfahrungen als Produzent von »Comedy«-Platten zugute. Die zugespielten Geräuscheffekte stammten von Ketten, Pfeifen, Hupen, Schläuchen, Glocken und einer alten Blechbadewanne. Lennon ließ Wasserblasen blubbern, während Brian Jones von den Rolling Stones Gläser dazu klingen ließ. Auch Marianne Faithfull und Pattie Harrison waren als Helferinnen im Studio engagiert. George Martin montierte den Marsch einer unbekannten Blaskapelle von einer alten 78er-Schellackplatte noch in den Song, und heraus kam ein gutgelaunter Evergreen. Trotz des intendierten naiven Charmes interpretierten nicht wenige Hörer Drogenerfahrungen in das Lied hinein. Und sofort kamen in New York Kapseln des Barbiturats Nembutal mit dem Namen »Yellow Submarine« auf den Markt. Andere Kritiker verstanden das Liedchen als verschlüsselte Vision einer unbewohnbar gewordenen Erde infolge eines letzten Krieges, nach dessen Ende alle Menschen nur noch in einem riesigen gelben Unterseeboot leben könnten. Nichts von alldem traf zu. Paul hatte einen viel schlichteren Traum: »Wenn ich eines Tages durch eine fröhliche Horde von Kindern gehen sollte, die ›Yellow

Submarine‹ singen, dann weiß ich, dass der Song funktioniert hat.«

Auf dem *Revolver*-Album kamen erstmals auch externe Musiker verstärkt zum Einsatz, wie zum Beispiel der Waldhornist Alan Civil in dem wunderschönen ›For No One‹, der Tabla-Virtuose Anil Bhagwat in ›Love You To‹ oder ein fünfköpfiger Bläsersatz aus Trompeten und Saxophonen in dem energetischen ›Got to Get You into My Life‹. Es war dann fast selbstverständlich, dass George Martin das Streicherarrangement für ›Eleanor Rigby‹, das metaphernreiche Lied über das Sterben einer alten Jungfer, beisteuerte und dem Stück dadurch seine majestätische Schwermut verlieh. Die Entstehung dieser eindringlichen McCartney-Komposition verlief chaotisch. Schon die Wahl des Themas Tod galt im juvenilen Pop-Business als undenkbar. Die Melodie dazu erfand Paul – wie so oft – beim absichtslosen Klimpern auf dem Klavier. Ursprünglich sollte eine »Miss Daisy Hawkins« jene einsame Putzfrau in der Kirche verkörpern, die nach Hochzeiten den Reis zusammenzukehren hat. Doch der spröde Sound des Namens gefiel Paul nicht, er suchte nach einem natürlichen, melodischen Klang des titelgebenden Namens der Protagonistin. Angeblich hat er den Namen »Rigby« dann an einer Ladenfront in Bristol gelesen, während »Eleanor« von der Schauspielerin Eleanor Bron im *Help!*-Film stammte. Doch 1984 wurde bekannt, dass es sich bei Eleanor Rigby um eine reale Person gehandelt hat, die auf dem Friedhof von St. Peter's Parish Church im Liverpooler Stadtteil Woolton begraben liegt. Da ihr Grabstein nur wenige Schritte von dem Ort entfernt steht, an dem sich Paul und John 1957 zum ersten Mal begegnet sind, darf vermutet werden, dass McCartney den Namen damals gelesen und in seinem Unterbewusstsein abgespeichert hatte. Die zweite handelnde Person im Lied ist »Father McKenzie« – sein Name wurde willkürlich dem Telefonbuch entnommen –, der ursprünglich »Father McCartney« heißen sollte. Das Lied ist voll von Textzeilen, die für einen Popsong damals wie heute gänzlich ungewöhnlich sind. Während Father McKenzie eine Predigt schreibt, die niemand hören will, nachts in seiner Einsamkeit die Socken stopft und nach der Beerdigung von Eleanor Rigby in einer resignativen Geste »im Weggehen vom Grab den Staub von den Händen wischt«, sind die Umschreibungen der alten Jungfer Rigby noch verstörender – beispielsweise, dass sie »ihr Gesicht in einem Topf neben der Tür aufbewahrt«. Diese starke Metapher einer »gesichtslosen Verzweiflung« wird von Ian MacDonald als »das denkwürdigste Bild im gesamten Werk der Beatles« gewertet. Und die Schriftstellerin A. S. Byatt würdigte in einem BBC-Interview 1993 den Text gar als »die minimalistische Perfektion einer Beckett-Story«. ›Eleanor Rigby‹, als Single zusammen mit ›Yellow Submarine‹ am 5. August 1966 veröffentlicht, wurde nicht nur für mehrere Wochen die Nummer eins in der englischen Hitparade, das Lied zählt bis heute mit mehr als zweihundert Versionen auch zu den am meisten gecoverten Beatles-Songs.

Die wegweisende Wirkung des *Revolver*-Albums ging nicht zuletzt von dem ungewöhnlichen Plattencover aus. Klaus Voormann, Grafiker und Bassist, den die ›Fab Four‹ noch aus ihrer Hamburger Zeit kannten, sollte eine revolutionäre Bildästhetik erfinden, die den Songs gerecht würde. In seinem Erinnerungsbuch *»Warum spielst du*

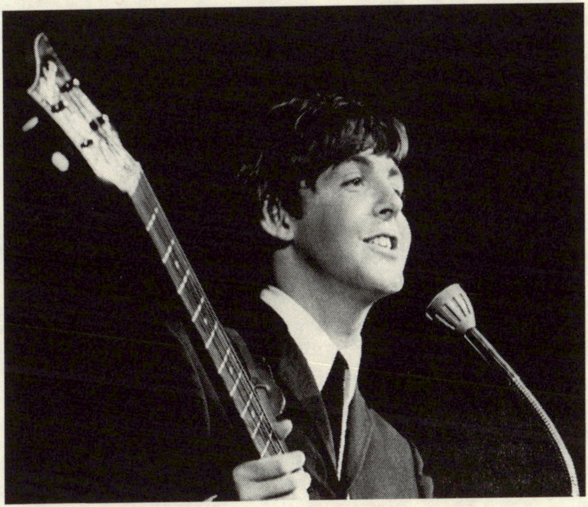

Melodieseliger Bassist und empfindsamer Songschreiber:
Paul McCartney (1964)

Imagine nicht auf dem weißen Klavier, John« (2003) schildert Voormann die Entstehung der berühmten Schwarzweiß-Zeichnung, die sogar einen Grammy erhielt: »Ziemlich schnell kam mir die Idee mit den vier Gesichtern, eines von vorn, eines im Halbprofil, ein ganzes Profil und John ebenfalls im Halbprofil wegen seiner Nase und überall Haare, Haare, Haare.« Dazwischen plazierte Voormann eine Collage aus winzigen Beatles-Schnappschüssen, die ihrerseits von gezeichneten Figuren flankiert wurden. Das Bild symbolisierte jedenfalls jenen großen Entwicklungsschritt, den die Beatles mit *Revolver* getan hatten. Voormann bringt es auf den Punkt: »Dies war der große Wendepunkt. Waren die Beatles bislang eine großartige Rock-'n'-Roll-Band, so waren sie jetzt Visionäre der Popmusik, Wegbereiter einer neuen Ära.«

Direkt im Anschluss an die Aufnahmen für *Revolver* gingen die Beatles noch einmal auf Tour – wenn auch widerwillig. George Harrison beschrieb die ernüchternden Konzerterfahrungen: »Niemand konnte mehr etwas hören, es war nichts weiter als ein übler, gewaltiger Tumult. Als Musiker wurden wir dabei immer schlechter. Jeden Tag spielten wir den gleichen alten Mist. Nein, darin lag überhaupt keine Befriedigung mehr.« Die neuen komplexen Songs waren auf der Bühne einfach nicht mehr zu realisieren. Kein Wunder, dass die »*Bravo*-Beatles-Blitztournee« durch drei bundesdeutsche Städte einem Schwanengesang glich.

Exkurs: Nachrichten aus der deutschen Pop-Provinz

Im Vorfeld dieser von bundesdeutschen Jugendlichen sehnsüchtig erwarteten Stippvisite spielte sich eine Episode ab, die es unter dem Titel *Der Tag, als die Beatles (beinahe) nach Marburg kamen* (2006) inzwischen schon zu Fernsehfilm-Ehren gebracht hat. Die ARD-Produktion von Michael Wulfes wirft ein Schlaglicht auf die damaligen deutschen Befindlichkeiten und erzählt vom Einbruch des weltbewegenden Pop in die kleinbürgerliche Provinz. Ausgerechnet der Sohn eines Friseurs hatte sich in den Kopf gesetzt, nicht nur seinen Vater zu ärgern, indem er die »Moptops« in die damals eher langweilige Lahn-Stadt holen wollte. Man muss in diesem Zusammenhang daran erinnern, dass der tagtägliche Kampf um die Haarlänge in bundesdeutschen Kleinstädten mehr und mehr den Alltag von Jugendlichen bestimmte.

»Lange Haare, kurzer Verstand« – in Richard Zoosmanns *Zitatenschatz der Weltliteratur* findet sich die Folgerung, mit der sich noch Mitte der 1960er Jahre die Mehrheit der deutschen Eltern und Erzieher angesichts einer um sich greifenden »Pilzkopf«-Popularität identifizierte. Schnell geriet die Haarlänge zum Gradmesser der »Emanzipation« vom »Establishment«. Wem der Wechsel vom moderaten Tony-Curtis-Schnitt über einen Fassonschnitt mit unbedeckten Ohren zum Pilzkopf (Ohren halb bedeckt!) gelang, der hatte die Reifeprüfung zum rockmusikalischen Rebellen geschafft. Lange Haare wirkten damals extrem schockierend auf die Erwachsenenwelt und boten so die Möglichkeit zu Provokation und Abgrenzung. Doch selbst die »langhaarigen Affen«, wie die Beatles und ihre Nachahmer tituliert wurden, konnten sich auf kulturgeschichtliche Zeugnisse berufen: »Das Haar ist der Sitz des Lebens, der Seele, der Kraft«, heißt es schon im *Handwörterbuch des deutschen Aberglaubens* von 1930. Noch fünfunddreißig Jahre später wurde man nicht selten dreimal hintereinander zum Friseur geschickt, weil die Mähne noch immer nicht kurz genug geraten war. Dabei hatte man durch einen kleinen Bestechungsversuch den ›Herrn der Scheren‹ gerade noch vom Schneiden abhalten können. Paul McCartneys Vater erinnert sich: »Ich hatte große Angst, dass ein Halbstarker aus ihm wird. Sein Haar war immer so lang, schon damals. Wenn er vom Friseur zurückkam und genauso aussah wie vorher, fragte ich: War denn zu?«

Kein Wunder, dass auch im hessischen Marburg die Friseure zunehmend auf die Wünsche ihrer jugendlichen Kunden – »Nicht schneiden, nur waschen!« – Rücksicht nehmen mussten, so auch Herr Kilian, Inhaber eines angesehenen Salons. Sein Sohn Ferdinand, genannt Ferdi, galt in der Universitätsstadt nach den Worten eines Zeitzeugen »als bunter Vogel, ein bisschen größenwahnsinnig, aber immer die Nase im Wind! Er fuhr damals ja schon ständig in seinem schwarzen Ford Granada – hinten mit den großen Antennen – durch die Gegend, schon damals immer den Arm aus dem Auto!« Warum sollte es so jemandem nicht gelingen, die ›Fab Four‹ von der Mersey Side auf die Lahnwiesen zu locken? Zumal Ferdi von einem Göttinger Beat-Bekannten die Zusicherung erhalten hatte, die Beatles könnten nach ihrem vermeintlichen Auftritt in Göttingen einen Abstecher nach Marburg unternehmen.

Auch Peter Nau, der damalige Lehrling im Friseursalon Kilian, war von der Machbarkeit der sensationellen Musikveranstaltung überzeugt: »Wir hatten im Vorverkauf schon viele Karten zu einem damals wirklich horrenden Preis von vierzig DM verkauft. Für mich war das ein Monatslohn! Ich hätte das Konzert noch nicht einmal besuchen können, denn ich konnte mir die Karte gar nicht leisten.« Auch die Lokalität hatte »Ferdi, der phantasiereiche Fan«, schon ausgeguckt: In den »Stadtsälen« sollten die kreischenden Massen den Liverpooler Pop-Propheten lauschen. Peter Nau erinnert sich an seinen beatbesessenen Kumpel: »Ich bin von ihm mitgenommen worden in die Stadtsäle, und er hatte sich schon die Anordnung der Stuhlreihen ausgedacht und die Preise für die einzelnen

Blocks abgestimmt. Warum sollte ich daran zweifeln? Auch die Stadt selbst hat alles dafür getan und war sogar der Meinung, so ein Beatles-Konzert würde den Stadtsälen guttun, denn die sollten ja eh abgerissen werden.« Hatte man hier vonseiten des Magistrats eventuell darauf gehofft, die in ihrer Verzückung randalierenden Jugendlichen würden die geplanten Abbrucharbeiten gratis ausführen?

Leider konnten die zum Abriss freigegebenen Marburger Stadtsäle von diesem Destruktionspotential nicht profitieren. Ferdi Kilian, der unverbesserliche Phantast und Traumtänzer, musste seine hochfliegenden Konzertpläne bald kleinlaut als bloßen Gag zugeben. Der selbsternannte »Agent«, der für ihn vorgeblich als Mittelsmann zum Beatles-Management fungieren sollte, hatte sich als Betrüger entpuppt. Und auch der gutgläubige Friseurlehrling Peter Nau musste alle bereits verkauften Karten wieder einsammeln und für die Rückerstattung sorgen: »Das Geld selbst habe ich jetzt nicht mehr vom Juniorchef gekriegt. Da musste der Seniorchef – ich denke – ›ganz schön für bluten‹.« Der gescheiterte Geschäftsmann Ferdi tauchte jedenfalls erst einmal ab – nachdem er mehrfach tätlichen Angriffen ausgesetzt war – und ward in Marburg für lange Zeit nicht mehr gesehen.

Doch die Beatles besuchten nichtsdestoweniger die Bundesrepublik – wenn auch nicht die hessische Universitätsstadt. In München, Essen und Hamburg veranstaltete die Teenie-Postille *Bravo* jeweils zwei Konzerte an einem Tag (17 und 21 Uhr). Die Gesamtgage der Beatles dafür betrug 360 000 DM. Von der Deutschen Bundesbahn wurden Sonderzüge zu den Konzerten eingesetzt, die Beatles selbst reisten von Freitag, den 24. Juni bis Sonntag, den 26. Juni 1966 in Nachtzügen von Süd nach Nord. Und prompt kam es vor der Essener Grugahalle und der Ernst-Merck-Halle in Hamburg zu Schlägereien zwischen aufgestachelten Besuchern und den Ordnungskräften, bei denen die Polizei auch Wasserwerfer einsetzte.

In Japan wurde es anschließend noch schlimmer: Proteste gegen die »Entweihung« der Budokan Hall in Tokio durch eine westliche Popgruppe führten dazu, dass die Beatles unter Polizeischutz im Hotel bleiben mussten. Schon bei ihrer Ankunft am Flughafen erwartete sie ein Polizist mit der Mitteilung, dass rechte Studenten sie ermorden wollten. Ungeachtet dieser Drohungen gaben die Beatles in den folgenden Tagen fünf Konzerte in der Nippon Budokan Hall ohne größere Zwischenfälle.

Auf den Philippinen aber ging der Ärger weiter: Zwar wurden sie am Flughafen von Manila von rund fünfzigtausend Fans bejubelt, und ihre zwei Auftritte am nächsten Tag im Rizal Memorial Football Stadium verzeichneten mehr als achtzigtausend begeisterte Besucher, doch die unsägliche Präsidentengattin Imelda Marcos fühlte sich von dem Liverpooler Quartett beleidigt. Aufgrund einer chaotischen Terminplanung schlugen die Beatles eine Einladung von Imelda Marcos aus – ohne sich Böses dabei zu denken. Für die Zeitungen in Manila war diese Weigerung, an einem offiziellen Empfang der ersten Familie des Landes teilzunehmen, aber ein unentschuldbares Sakrileg: Ob dieser »nationalen Beleidigung« wurde von der Presse eine Hexenjagd eröffnet. Weil die Polizisten zum Schutz der Beatles jetzt abgezogen worden waren, sahen sich die vier beim Verlassen des Hotels schutzlos dem aufgebrachten Mob ausgeliefert. Auf dem Weg zum Flughafen wurden die Musiker und ihre Begleiter mehrfach körperlich attackiert. Als sie glücklich im Flugzeug saßen und sich schon sicher fühlten, ging der Alptraum weiter: Die Starterlaubnis wurde verweigert und Epstein gezwungen, das Flugzeug zu verlassen und alle Bareinnahmen aus den Beatles-Konzerten den Behörden abzuliefern. Erst danach durften die britischen »Glücksboten« das ungastliche Land verlassen.

Beatlemania-Begräbnis und Wiedergeburt im Studio

Fast schien es im Sommer des Jahres 1966, als hätte sich das Schicksal gegen die einstigen ›Auserwählten‹ verschworen. Nach Auseinandersetzungen mit Capitol Records in den USA wegen eines unklugen Coverfotos, das die Beatles in Metzgerkleidung mit Fleischstücken und blutigen Puppenköpfen zeigte, ging es in »god's own country« richtig zur Sache: Die Zeitschrift *Datebook* hatte erneut Auszüge aus dem Lennon-Interview mit dem *Evening Standard* veröffentlicht. Im bigotten »Bible Belt« der USA kam Lennons blasphemischer Vergleich mit Jesus einem öffentlichen Selbstmord gleich. Über dreißig Radiostationen in den Vereinigten Staaten boykottierten jetzt die Beatles-Songs, Brian Epstein sorgte sich um die Sicherheit seiner Künstler und war bereit, eine Million Dollar (damals rund vier Millionen DM) für die Stornierung der bevorstehenden US-Tournee zu zahlen. Doch die Beatles wollten sich nicht geschlagen geben; allerdings planten sie einen vorzeitigen Abbruch der Konzertreise ein. In dieser Situation fühlte sich Lennon gleich beim Eintreffen in den USA auf dem Flughafen von Chicago in der hastig einberufenen Pressekonferenz zu einer Entschuldigung genötigt: »Ich habe nicht behauptet, dass die Beatles besser oder größer als Jesus Christus wären. Ich vergleiche uns nicht mit Jesus als Person oder mit Gott als Wesen oder was immer er sein mag. Ich habe nur einfach gesagt, was ich gesagt habe, und es war verkehrt oder falsch aufgefasst, und jetzt haben wir diesen Aufruhr. Als ich dieses Gespräch führte, unterhielt ich mich ganz persönlich mit jemandem, den ich kannte – zufällig war es eine Reporterin –, und ich drückte mich nun einmal so aus, weil ich gerade einiges über das Christentum gelesen hatte und zu gewissen Schlussfolgerungen gelangt war. Nur äußerte ich mich dabei auf einfachste Weise und ganz unbefangen, wie ich eben normalerweise spreche. Es tut mir leid.«

Trotz dieser Büßergeste spitzte sich die Situation zu: Ein Aufschrei der Empörung ging durch die Staaten, Radiostationen riefen zur öffentlichen Verbrennung von Beatles-Platten, Fotos und Andenken auf, der Ku Klux Klan marschierte vor den Konzerthallen der Beatles auf. Als in Memphis während des Konzerts ein Kanonenschlag explodierte, glaubten die Beatles für einen Moment, es sei jemand aus der Gruppe erschossen worden. Vor diesem Hintergrund kann es kaum verwundern, dass man nach dem Konzert im Candlestick Park von San Francisco am 29. August 1966 beschloss, nie wieder auf Tournee zu gehen – die »Beatlemania« wurde an dieser Stelle beerdigt.

Jeder ging jetzt erst mal seiner eigenen Wege. Lennon drehte den absurden Antikriegsfilm *How I Won the War* mit Richard Lester. Harrison flog nach Indien, um mehr über die dortige Musik zu erfahren. McCartney komponierte eine Filmmusik, und Starr besuchte Lennon in Spanien.

Nach dem Ende der Tourneen entdeckten die Beatles ein neues Musikinstrument: das Studio. Ihre Arbeiten im November in der Abbey Road an ›Strawberry Fields Forever‹ und ›Penny Lane‹ machten allen Beteiligten die neue Richtung klar. George Martin erklärt rückblickend: »Ihre nächste LP war als reines Studioalbum gedacht. Es war klar, dass die Songs niemals öffentlich gespielt würden.« Welche Tricks Martin und seine Schützlinge inzwischen beherrschten, dokumentiert die ›Strawberry Fields‹-Aufnahme, ein Musterbeispiel akustischen Einfallsreichtums und visionärer Tondichtung. Von seinen Dreharbeiten in Spanien hatte John Lennon die Skizze des sehnsüchtigen Songs mitgebracht. Doch der langsame Entwicklungsprozess der Komposition im Studio zeigt, wie fruchtbar die Zusammenarbeit der Beatles mit George Martin sein konnte. Realer Ausgangspunkt für den halluzinatorischen Trip in sein Innerstes war für Lennon eine Kindheitserinnerung: die Sehnsucht nach der Unbeschwertheit jener Tage, als er mit seinen Schulfreunden Pete Shotton und Ivan Vaughan auf dem Gelände der »Strawberry Fields«, eines Waisenhauses der Heilsarmee in der Beaconsfield Road nahe Lennons Zuhause in Woolton, herumstromern und die alten Bäume erklettern konnte. Die gotische Grandezza des riesigen viktorianischen Gebäudes im Verbund mit der Mystik eines großen verwunschenen Gartens faszinierte Lennon. Es war für eine Zeitlang sein Lieblingsort geworden, wo er seiner Phantasie freien Lauf lassen konnte.

Es geht in dem schleppenden Lied wieder einmal um Selbstzweifel, um Einsamkeit und das Sichzurückträumen in eine aufregende Kindheit auf den »Erdbeerfeldern der Phantasie«. Ian MacDonald geht sogar so weit, zu behaupten, »das wahre Thema der englischen Psychedelia war nicht die Liebe, auch nicht Drogen, sondern die nostalgische Sehnsucht nach der naiven Vision des Kindes«. Lennon schrieb diesen Song mit den suggestiven Zeilen »living is easy with eyes closed, misunderstanding all you see«, als er sich in einer zutiefst verwirrenden Phase seines

Lebens befand. Der weltweite Ruhm der Beatles, die öffentliche Aufmerksamkeit, die sie ständig erregten – all das empfand John als zunehmend bedrohlich. Alles schien ihm zu entgleiten: die Band, seine Ehe mit Cynthia, sein ohnehin nie besonders ausgeprägtes Selbstwertgefühl. Daneben hatten intensive Drogenexperimente spirituelle Bedürfnisse in ihm geweckt. In dieser Phase existentieller Verunsicherung lernte John am 9. November 1966 – kurz vor Beginn der ›Strawberry‹-Aufnahmen – in der Londoner, für diesen Anlass komplett weiß gestrichenen »Indica Gallery« die Avantgarde-Künstlerin Yoko Ono kennen. Sie startete dort drei Tage später ihre Ausstellung »Unfinished Paintings And Objects«, u. a. mit einem komplett weißen Schachspiel. In New York hatte sich Ono bereits durch Happenings und ihre »irrational art« einen Namen gemacht. Man konnte bei ihr z. B. eine »sky machine« für $ 1500,– bestellen, die *nichts* machte, wenn man eine Münze einwarf, oder auch eine Tonbandaufnahme vom Schneefall in der Dämmerung. Vom ersten Moment an muss Lennon in Yoko Ono eine Seelenverwandte gesehen haben, die eine eigene »phantastische« Seite wie er selbst hatte und ihm neue kreative Impulse verleihen konnte.

Sechs Jahre älter als John, war Yoko Ono (ihr Vorname bedeutet »Ozeankind«) am 18. Februar 1933 als Tochter eines prominenten Bankers in Tokio geboren worden. In den 1950er Jahren, nach einem Philosophiestudium, tauchte sie in New York in die Welt der experimentellen Kunst ein (Musik, Malerei, Dichtung). Sie schloss sich der Fluxus-Bewegung an, einer losen Vereinigung von Avantgardisten, die die Differenz von Kunst und Alltag in ihren Arbeiten aufzuheben suchten. Bei ihrem ersten Zusammentreffen in der »Indica Gallery« war Yoko von John Lennon zunächst wenig beeindruckt. Sie hatte von den Beatles noch nie gehört. Lennon dagegen war von der japanischen Künstlerin und ihren Arbeiten sofort fasziniert. Gern folgte er Onos Aufforderung, eine mitten im Raum stehende Leiter zu besteigen. Auf der obersten Sprosse angekommen, konnte er durch ein dort hängendes Fernglas das in winziger Schrift an die Decke geschriebene Wörtchen »Yes« lesen. Bis dato hatte Lennon die zeitgenössische Kunst einschließlich deren Musik als Anti- oder Anti-Anti-Kunst empfunden, die sich immer gegen etwas richtete. Yokos Bekenntnis zum »Yes«, diese unschuldige und zugleich verstörend inszenierte Bejahung verstand Lennon dagegen als Überwindung der strengen Entweder-Oder-Logik des Ja-Nein. Pop hatte demnach auf eine radikale Weise oberflächlich zu sein.

Yoko Ono begann sich mehr und mehr für den selbstbewusst auftretenden Beatle zu interessieren, sie rief ihn zu Hause an, schrieb ihm Briefe, verrückte kleine Karten, diskutierte mit ihm über Avantgarde-Kunst und schenkte ihm ihr *Grapefruit*-Buch – eine Sammlung von »instructional poems«. Eins dieser »collecting pieces« forderte: »Sammle die Klänge, die du während einer Woche gehört hast, in deinem Gedächtnis. Wiederhole sie in deiner Erinnerung in unterschiedlicher Reihenfolge an einem beliebigen Nachmittag.«

»›Strawberry Fields Forever‹ war im Grunde nichts anderes als Psychoanalyse in musikalischer Form«, erinnerte sich John später. In insgesamt fünfundfünfzig Stunden produzierten die Beatles drei gänzlich verschiedene Fassungen des Liedes. Die erste Song-Skizze mit Harrisons dominantem Slide-Gitarrenspiel – inzwischen auf *Anthology 2* (1996) erschienen – geht in einer ersten, langsamen Version mit Mellotron, Gitarre, Bass, Schlagzeug, Klavier, Maracas und anderem auf. Doch Lennon war mit diesem Ergebnis nicht zufrieden; also wurde der Song noch einmal komplett neu mit hartem Schlagzeugbackground, einem pakistanisch-indischen Saiteninstrument namens Surmandal, mit Bläsern, Cellisten und Klarinettisten als eine zweite, etwas schnellere Fassung eingespielt. Doch jetzt hatte Lennon die grandiose Idee, die Rock-Version in die orchestrale Version hinübergleiten zu lassen und so aus den beiden Versionen eine einzige zu machen. Martin schaffte das Unmögliche schließlich durch diverse Manipulationen der Bandgeschwindigkeit und der Tonhöhen. Heraus kam eines der eindrucksvollsten Stücke, die die Beatles je aufgenommen haben, mit ganz neuartigen Soundbildern, einer seltenen Stimmungsdichte und Textzeilen voller Unmittelbarkeit und emotionaler Tiefe. Fast scheint es manchmal, als entspringe die Musik hier völlig natürlich den Worten.

McCartneys Komposition ›Penny Lane‹ war da in der Produktion weniger kompliziert. Die Vision eines »blauen Himmels über den Vorstädten«, der sonnige Optimismus der damaligen Popkultur, die Grenzenlosigkeit jugendlicher Kreativität durchdringen dieses lebensfrohe Lied über eine pittoreske Straße in Liverpool. Es ist von fast ebenso vielen Sound-Finessen belebt wie der ›Strawberry Fields‹-Song. Ganz abgesehen von dem unorthodoxen Solo auf der Piccolotrompete schaffen die übereinandergelagerten Klangschichten von drei Klavieren eine Grundierung, auf der dann die Glocke des Feuerwehrmanns wie ein authentisches Zitat klingt. Heimliche Triebkraft bei den Aufnahmen der neuen Stücke war die freundschaftliche Rivalität mit den Beach Boys. Die amerikanische Surf-Band hatte gerade mit ihrem Album *Pet Sounds* (1966) die Messlatte hochgelegt. Der Tiefgang ihrer Texte verband sich hier mit einem solchen Farbenreichtum der Instrumentierung, dass Paul McCartney vom »besten Album aller Zeiten« sprach. Dabei war Brian Wilsons Meisterwerk als Antwort auf *Rubber Soul* entstanden.

Während ›Penny Lane‹ und ›Strawberry Fields‹ als Single veröffentlicht wurden, geriet der Song ›A Day in the Life‹ zum Herzstück des kommenden Albums *Sgt. Pepper's Lonely Hearts Club Band* (1967). Paul McCartney, der auf diesem Album zum heimlichen musikalischen Direktor der Band avancierte, erläutert die konzeptionelle Idee des Albums: »Es sollte das Album einer anderen Band werden, die nicht wir waren. Wir wollten einen Schritt hinter uns selbst, hinter das Image der ›Fab Four‹ zurücktreten und uns in die Sgt. Pepper Band zurückverwandeln.« Wenn es ein Adjektiv gibt, das den musikalischen Reichtum dieses Albums umschreiben kann, so ist es »kaleidoskopisch« – und zwar mit Bezug auf den Reichtum der Klangfarben, die technischen Raffinessen und die poetische Sprachkraft. Der Hörer fühlt sich in eine Art »elektrische Manege« gelockt. Viele Songs folgen keiner Geschichte mehr, die erzählt werden soll, sondern – wie in der modernen Literatur nicht unüblich – einem »stream of consciousness«, in dem sich die einzelnen Partikel des Bewusstseinsstroms zu einer mitreißenden, alle Sinne ansprechenden Strömung verbinden. Prominentestes Beispiel ist der erwähnte Lennon-Song ›A Day in the Life‹.

Am 19. Januar 1967 begannen die Beatles daran zu arbeiten. Der Song ist das erste Stück für das geplante *Sgt. Pepper*-Werk, und er beschließt vier Monate später dieses grandiose Konzept-Album. Der Text spielt zunächst auf den tödlichen Verkehrsunfall eines Freundes an, schwenkt über zu dem Sieg der englischen Armee im Zweiten Weltkrieg und erwähnt dann die Nachricht über mysteriöse Löcher in der Grafschaft Lancashire. Letztlich handelt das Lied jedoch von dem irritierenden Wechselspiel zwischen Wahrnehmung und Realität. Durch seine LSD-Erfahrungen geprägt, nahm Lennon »Realität« nur in Anführungszeichen wahr – wie Ian MacDonald in seiner subtilen Analyse des Songs klarmacht. Realität gibt es nur für den Betrachter in einem konstruktivistischen Sinn, das heißt, er muss sie sich selbst erst zusammenbauen, er kann auf keine objektiven, vorgegebenen Strukturen hoffen. Dabei wird ihm ernüchternd klar, wie eng »die Grenzen der weltlichen Wahrnehmung« sind, wie sehr die Wahrnehmung durch die Medien geprägt wird, durch das, was diese uns als Ausschnitte der Realität zugänglich machen.

Das Lied geht auf Artikel in der Ausgabe des *Daily Mail* von 17. Januar 1967 zurück, die auf Johns Klavier lag, während er an einem neuen Song schrieb. Sie berichten vom Unfalltod des mit den Beatles befreundeten Millionärs Tara Browne – Lennon glaubte, dass der Unfall unter dem Einfluss halluzinogener Drogen zustande gekommen war. Eine absurde Meldung mit einer noch verrückteren Hochrechnung auf der nächsten Zeitungsseite konterkariert dann den erwähnten Sieg der englischen Armee: »Die Straße in Blackburn, Lancashire, hat 4000 Löcher, das ergibt, nach einer Schätzung des Stadtrats, ein Loch auf 26

Personen. Wenn Blackburn ein typisches Beispiel ist, dann gibt es zwei Millionen Löcher auf Großbritanniens Straßen, davon 300 000 in London.« Lennon bringt dann noch die Royal Albert Hall ins Spiel und fragt, wie viele Löcher nötig sind, um sie zu füllen. Erst die organisch wirkende Abfolge der einzelnen Meldungen ergibt jedoch jene poetische Subversion, die das Lied durchzieht. MacDonald spricht von einem »mystisch psychedelischen Optimismus«.

Neben dem absolut originellen Klavier- und Bassspiel McCartneys – er zeichnet für den Mittelteil mit seiner Meditation über einen fast verpassten Schulbus verantwortlich – sind es vor allem die beiden kakophonischen Orchester-Crescendi, die dem Song einen beinahe »kosmischen« Atem verleihen. Lennon wünschte sich von Martin »einen Sound wie vom Ende der Welt«. McCartney hatte die Idee, vierzig Musiker, Streicher wie Bläser, zu bitten, von der tiefsten bis zur höchsten Note bei anschwellender Lautstärke zu spielen. Diese ansteigenden Glissandi wirken wie ein langsames Erwachen aus tiefem Schlaf. Die Endfassung des Stücks gibt diesen Eindruck jedenfalls überzeugend wieder. In Bezug auf den musikalischen Ausdruck, die verwirrende und zugleich absolut natürlich wirkende Konstruktion und die Qualität der Einspielung dürfte ›A Day in the Life‹ den kreativen Höhepunkt im Werk der Beatles markieren. MacDonald charakterisiert das Stück zutreffend als »eine der eindringlichsten und innovativsten künstlerischen Produktionen ihrer Zeit«. Natürlich wurden auch diesem Lied Drogenbezüge unterstellt, und die Erwähnung von »smoke«, »dreams« and »turn on« führte dazu, dass neben der BBC auch andere

Rundfunkstationen das Lied zunächst mit einem Sendeverbot belegten.

Die anderen Lieder von *Sgt. Pepper* liegen ebenfalls weit über dem bisherigen Durchschnitt der Beatles-Kompositionen: ›Being for the Benefit of Mr. Kite‹, das auf ein viktorianisches Zirkus-Plakat zurückgeht, entpuppt sich als »sonic circus« mit seiner Spieluhr-Atmosphäre und dem Drehorgel-Strudel im Walzertakt. ›Lucy in the Sky with Diamonds‹ – ursprünglich der Titel eines Gemäldes von Lennons Sohn Julian – strotzt nur so von sprachlichem Einfallsreichtum und enthält zugleich einen Verweis auf bewusstseinserweiternde Wirkungen von Rauschmitteln. Auch hier entsteht eine außerweltliche, traumverlorene Atmosphäre – von Anfang an durch die einleitende chromatische Figur auf McCartneys Hammondorgel. Viel verdankt die Stimmung dieses Stücks den halluzinatorischen Passagen in dem Weltliteratur-Klassiker *Alice hinter den Spiegeln* von Lewis Carroll.

Eine der größten Überraschungen auf dem insgesamt brillanten *Sgt. Pepper*-Album stellt McCartneys Lied ›She's Leaving Home‹ dar: Angeregt durch eine Geschichte aus dem *Daily Mirror* – sie handelte von der siebzehnjährigen Ausreißerin Melanie Coe –, entfaltet er hier das zentrale Thema der 1960er Jahre, den Generationskonflikt, aus der Perspektive der überforderten Eltern. Schon damals gab es Musikwissenschaftler, wie etwa den Komponisten und Hochschullehrer Wilfried Meller, die am Beispiel von ›She's Leaving Home‹ die Genialität und Unvergänglichkeit von Beatles-Songs demonstrierten: »Es ist ein altmodischer Walzer mit einem altmodisch hämmernden Cello, einer plätschernden Harfe und einer Modulation der Dominante und dann diese überbrückende kleine Melodie voll Hoffnung und Bedauern …« Die »Balance zwischen den hoffnungsvollen Träumen der Jugend und dem Schmerz des Alterns« kommt in der Coda des kleinen Liedes besonders gut zum Ausdruck. Die Eltern singen: »Wir gaben ihr alles, was mit Geld zu kaufen ist. Wir mussten unser Leben lang kämpfen« usw. Doch dann kommt es, »in der kleinen Coda nach der Wiederholung des Refrains der letzte Satz: ›She's leaving home, bye, bye.‹ Nun? Wunderbar! Warum ist das so subtil? Nun der Effekt dabei ist, dass die Melodie steil nach oben hochgeht, voller Hoffnung. Aber dann kommt die Kadenz mit A, das, was man eine ›plagale Kadenz‹ nennt, und geht dann über in diese wundervolle Balance zwischen beidem.« Und dies sei »rein instinktiv« erfolgt; denn die Beatles »sagten sicher nicht: ›Oh, wir machen hier eine dominante Modulation, gefolgt von einer ‚plagalen Kadenz'.‹ Aber das ist genial, wissen Sie?!«

Dem außergewöhnlichen musikalischen Gehalt des *Sgt. Pepper*-Albums entsprechend, fiel auch die Covergestaltung durch den Künstler Peter Blake aus. Die Beatles, in bunten Seidenuniformen als altmodische Pepper-Band verkleidet, sind von einem illustren Publikum umzingelt, das Musiker, Filmstars, Gurus, Maler, Sportler usw. einschließt. Links von den »Sgt. Pepper«-Beatles stehen ihre eigenen Wachsfiguren von Madame Tussaud aus dem Jahr 1965.

Als das Konzeptalbum am 1. Juni 1967 in die Läden kam, wirkte es wie eine Erleuchtung. Jeder konnte sich in den Stücken wiederfinden. Für den einen Teil der damaligen Gegenkultur war es das Manifest der Bewusstseinserweiterung durch Drogen. Andere sahen in ihm einen magischen Masterplan der neuen Existenz. Vor allem aber machte das Album überdeutlich, dass die Beatles als Dichter und Komponisten zu voller Reife gelangt waren. Das Album war schnell von einer fast mythischen Aura umgeben. Paul Kantner von Jefferson Airplane formuliert das »kulturelle High-Gefühl«, das von den Liedern ausging, mit den Worten: »Irgendetwas hüllte damals die ganze Welt ein, plötzlich brach es auf und alles erwachte neu.« Kein anderes Album in der Popgeschichte hat jemals die psychische Verfassung seiner Zeit so perfekt verdichtet wie *Sgt. Pepper* den Geist der späten 1960er Jahre.

Doch im Zenit ihres Schaffens machten sich bei der Band erste Anzeichen eines Auflösungsprozesses bemerkbar: Das Kollektiv bekam spürbare Risse. Ursprünglich ein fest verschworener Männerbund, verstanden sich die Beatles jetzt als Zusammenschluss von selbstbewussten Individuen, die mehr und mehr den Gruppengedanken ihren persönlichen Interessen unterordneten. John Lennon, George Harrison und Ringo Starr hatten inzwischen Familien auf dem Land, Paul McCartney – noch Junggeselle – war ein bekennender Stadtmensch geworden. Harrison hatte sich tief in die indische Kultur, Philosophie und Musik versenkt, während Lennon seinen Sarkasmus und seine beißende Ironie immer weiter kultivierte. Auch war er es schon bald leid, mit schöner Regelmäßigkeit neue Platten auf den Markt zu werfen. McCartney scheint die Gefahr des kollektiven Zerfalls gespürt zu haben, denn er drängte schon kurz nach Beendigung der *Sgt. Pepper*-Aufnahmen auf ein neues Projekt, »um uns zusammenzuhalten, uns am Laufen zu halten, uns etwas Neues zu tun zu geben«. Durch Erlebnisse in der Hippie-Szene an der amerikanischen Westküste war in ihm die Idee entstanden, eine Art »Underground-Roadmovie« zu drehen. Film und Soundtrack sollten unter dem Titel *Magical Mystery Tour* (1967) laufen. Doch zuvor formulierten die Beatles mit ›All You Need Is Love‹ die ultimative Propaganda-Hymne der Flower-Power-Bewegung.

Als Auftragskomposition für die BBC-Fernsehsendung »Our World«, die mit Hilfe der neuen Satellitentechnik live in 24 Länder übertragen wurde, ist das Lied ein naiv anmutendes Bekenntnis zum Gemeinschaftsgeist der Hippies. Dennoch besitzt es eine seltene rhythmische Komplexität und amalgamiert musikalische Zitate aus der Marseillaise, einer Bach-Invention, dem englischen Volkslied ›Greensleeves‹ und dem Swing-Klassiker ›In the Mood‹ von Glenn Miller. All diese Anspielungen wurden von George Martin für das Playback collagiert. Und als die Beatles am 25. Juni 1967 das rauschhaft-träge Bekenntnis zum »Summer of Love« erstmals live vor weltweit vierhundert Millionen Menschen aufführten – ein Orchester mit Bläsern und Streichern begleitete das Quartett ebenso wie ein mitsingendes, handverlesenes Publikum –, rührten sie einmal mehr an die kollektive Seele des Zeitgeists. Zwei Wochen später erschien die Aufnahme als Single und stürmte alle Charts.

Danach stand die Arbeit an der »Magical Mystery Tour« auf dem Programm und ein weiterer Soundtrack für die Zeichentrickversion einer Geschichte über *Yellow Submarine* (1969). Für das letztgenannte Filmprojekt brachten die Beatles nie ernsthaftes Interesse auf, außer dass sie für den Cartoon-Streifen ein paar halbgare Songs ablieferten.

Doch bevor sie sich in die Arbeit an dem geplanten TV-Film über die »Mystery Tour« stürzen konnten, traf sie ein Schock. Ihr Manager Brian Epstein wurde am 27. August 1967 in seiner Londoner Wohnung tot aufgefunden. Schon in den Monaten zuvor war Epsteins Privatleben mehr und mehr aus den Fugen geraten. Denn der »hypersensible Homosexuelle« hatte seine Lebensaufgabe verloren, als sich die Beatles entschieden, nicht mehr auf Tournee zu gehen. In musikalischen Fragen hatten sie ihn ohnehin nie ernst genommen. Kein Wunder, dass Epstein sich überflüssig vorkam und zunehmend Trost in Alkohol und Tabletten suchte. So starb er an der – wohl zufälligen – Überdosis eines Barbiturats. Die Nachricht vom Tod ihres langjährigen Vertrauten erreichte die vier in Bangor (Wales), wohin sie dem Guru Maharishi Mahesh Yogi auf ein Wochenendseminar über »Transzendentale Meditation« gefolgt waren. In ihrer Erschütterung brachen sie den Aufenthalt dort sofort ab und kehrten nach London zurück.

McCartney schien damals gespürt zu haben, dass mit Epsteins Tod die psychische Kraft ihres Zusammenhalts schwinden würde. Deshalb drängte er regelrecht die anderen zu gemeinsamer Arbeit. Als erstes Resultat dieser Willensanstrengung entstand mit Lennons Lied ›I Am the Walrus‹ der vermutlich surrealste Protestsong aller Zeiten. Die vordergründig wie Nonsens wirkenden Verse des Lieds spiegeln ebenso Lennons durch zahllose LSD-Trips konturierte Sehnsucht nach Selbsterforschung wie auch seine wachsende Wut auf das bewegungsunfähige britische Establishment. Ian MacDonald spricht in seiner Analyse des Lieds sogar vom »ultimativen antiinstitutionellen Geifern«, von einer »Hasstirade auf England«, in der Lennon »Erziehung, Kunst, Kultur, Recht, Gesetz, Klasse, Religion verflucht«. Im Wortwirbel des Songs um »lächelnde Schweine im Stall«, um »Stadtpolizisten«, »Firmenlaster« oder die »expert texpert«-Lehrer seiner Jugend rechnet Lennon mit der »Normalität« im allgemeinen ab: »Ich bin er und du bist er und du bist ich und wir sind alle zusammen. Sieh, wie sie laufen wie Schweine vor 'ner Flinte, sieh, wie sie fliegen. Ich weine. Sitze auf 'nem Cornflake, warte auf den Lastwagen. Werbe-T-Shirt, blöder, blutiger Donnerstag. Mann, du warst ein nichtsnutziger Junge und machst ein langes Gesicht. Ich bin der Eiermann, sie sind die Eiermänner, ich bin das Walross.«

Auch wenn der phonetische Witz des Lennon-Textes in seiner deutschen Übersetzung leidet – die Liebe zum bizarren Sprachspiel wird überdeutlich. ›I Am the Walrus‹ ist oft vorschnell als blühender Nonsens abgetan worden. Man kann den grotesken Text aber auch als wütenden Angriff auf Sinngebung jeder Art lesen. Inspiriert von der auf- und abschwellenden Zwei-Ton-Sirene eines Polizeiwagens, hat Lennon hier eine seiner originellsten musikalischen Strukturen ersonnen. Bei der abschließenden Orchestrierung mit Streichern, Bläsern, Chor und einer Reihe von Soundeffekten lief George Martin zur Höchstform auf. Am Ende geriet die als zusätzlicher Gimmick gedachte Sendersuche von Lennon auf der Skala des Radioapparats zufällig in die Liveübertragung von Shakespeares *King Lear* auf BBC 3.

Doch abgesehen von diesem Song-Highlight wurde der Film *Magical Mystery Tour* ein Desaster. Nach seiner Erstausstrahlung am zweiten Weihnachtstag 1967 auf BBC waren die Kritiken vernichtend. Vielleicht dauerte es auch deshalb bis zum Jahr 2012, bis endlich eine digital restaurierte DVD-Fassung des etwas wirren Films erscheinen konnte. Dabei hatten die Beatles für das Projekt mit McCartneys Komposition ›Fool on the Hill‹ ein weiteres Beispiel zeitloser Wehmut abgeliefert. Das Lied handelt von jemandem, den alle für einen Narren halten, dessen Verrücktheit sich in Wahrheit aber als weltentrückte Weisheit entpuppt. Drei Flötisten sowie die Harmonikas von John und George produzieren einen schwebenden Klang, in dem Zeit und Raum zusammenfließen. Die Melancholie des gänzlich unsentimentalen Stücks atmet eine beruhigende Gleichmütigkeit, aus Traurigkeit wird Trost.

Doch das Jahr 1968 verstärkte die Konfusion im Beatles-Kollektiv. Harrison hatte inzwischen eine von indischer Klassik inspirierte Filmmusik für den Streifen *Wonderwall* geschrieben, und im Februar flogen alle vier mit ihren Frauen und Freunden nach Rishikesh in Indien, um ihre Meditationsstudien beim Maharishi zu vertiefen. Derweil stürmte ihre von Fats Dominos hämmerndem Pianospiel beseelte Single ›Lady Madonna‹ einmal mehr die Hitparaden. Das während derselben Session aufgenommene und erst auf ihrem letzten Album *Let It Be* (1970) veröffentlichte Lennon-Kleinod ›Across the Universe‹ steht zu dem ruppigen Stück in schroffem Kontrast. Die in dieser Ballade enthaltenen Zeilen »thoughts meander like a restless wind inside a letterbox« können als verdeckter Hinweis auf Lennons Zerrissenheit in jenen Tagen gelesen werden. Denn nachdem er sich in die Avantgarde-Künstlerin Yoko Ono verliebt hatte, pflegten die beiden eine besondere Form der Korrespondenz, indem sie sich Postkarten mit Aphorismen zuschickten. Selbst in Rishikesh bekam John Post von Yoko. Gleichwohl wirkte er auf seine Umgebung in jenen Tagen extrem reizbar und innerlich gespalten. Der Indienaufenthalt war für die Beatles ernüchternd, Ringo reiste wegen des schlechten Essens schon nach elf Tagen ab (»Ich fühlte mich wie in einem Ferienlager«). Auch die anderen bemerkten plötzlich, dass der Maharishi auch nur ein Mensch mit einer Menge von Fehlern war. Dass seine Bedürfnisse keineswegs nur geistiger Natur waren, zeigte der Guru, als er sich zum Entsetzen der anwesenden Künstler ziemlich dreist an die Schauspielerin Mia Farrow

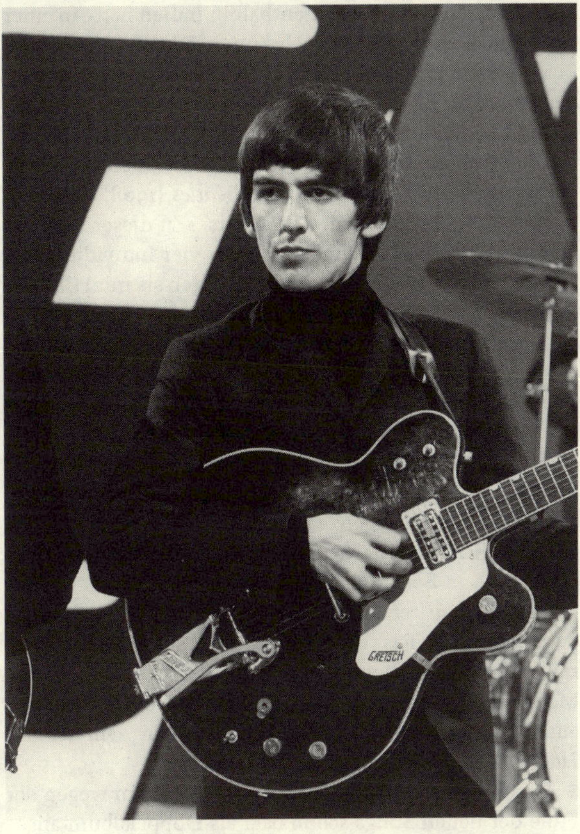

Als Sänger und Komponist lange unterschätzt: George Harrison (1963)

heranmachte. Doch der Aufenthalt in Indien hatte in einer Hinsicht eine heilsame Wirkung: Die Lethargie der Beatles nach dem Tod Epsteins war verflogen, und man begann voller Elan und mit einem Haufen neuer Songs im Kopf in London mit der Arbeit an einem neuen Album.

Die Studiosessions für das sogenannte »Weiße Album« – sein offizieller Titel lautete *The Beatles* (1968) – zeigten eine neue Arbeitsweise des Quartetts. »Zu dieser Zeit«, so George Martin, »handelte es sich um vier Individuen mit eigenen, individuellen Songs. Die wollten sie mit Hilfe der anderen aufnehmen, ohne sich noch als zusammengehörige Gruppe zu fühlen.« Martin reagiert mit seiner wehmütigen Beobachtung darauf, dass während der Aufnahmen von insgesamt dreiunddreißig neuen Songs oft nur ein oder zwei Beatles gemeinsam an einem Stück bastelten, während die anderen in anderen Teilen des Gebäudes eigene Lieder perfektionierten. Zu dieser Beobachtung des schleichenden Gruppenzerfalls passt auch, dass viele der ursprünglich für das neue Album vorgesehenen Songs dann doch in Solo-Projekte der einzelnen Beatles eingingen und erst später auf anderen Platten veröffentlicht wurden. Lennons in Rishikesh geschriebenes ›Child of Nature‹ mutierte zum quälend selbstanalytischen ›Jealous Guy‹, McCartneys Song ›Junk‹ kam auf seinem Solo-Debüt heraus, und Harrisons ›Not Guilty‹ blieb für sein Album *Harrison* (1979) reserviert.

Das neue Projekt der Beatles, das trotz allem wegen der Fülle der neuen Songs schon bald als Doppelalbum angelegt wurde, sollte die Initialzündung für ihre neugegründete Firma »Apple« sein. Sie bestand aus einem Musikverlag, einem eigenen Schallplattenlabel, einem Musik- und

Filmstudio, einer Werbeagentur und einer eigenen Boutique. Ursprünglich als ein Unternehmen zur Steuerersparnis und Kapitalanlage gedacht, entwickelte sich »Apple Corp. Ltd.« schnell zu einer gigantischen Geldvernichtungsmaschinerie. Dabei wollten Lennon und McCartney mit dieser Firma das Modell eines »westlichen Kommunismus« verwirklichen – begann sich doch die »psychedelische Dauerparty« des Vorjahres allmählich zu verflüchtigen. Unbekannte Musiker sollten hier die Möglichkeit haben, ihr künstlerisches Potential zu entwickeln. Doch die Produktionen von Mary Hopkin, Badfinger, James Taylor oder Billy Preston blieben halbherzig und brachten nicht den versprochenen Durchbruch. Auch die Londoner »Apple«-Boutique fiel vor allem durch ihre Managementfehler und gigantische Spesenrechnungen auf. Die »Apple«-Idee wurde zum Flop.

Privat musste Lennon seine Verhältnisse im Sommer 1968 ebenfalls neu ordnen. Nach einer nächtlichen Session mit Yoko Ono in seinem Privathaus – die schwerverdauliche Sammlung aus atmosphärischen Geräuschen, Schreien, improvisierten Gesängen und kleinen Instrumentalnummern erschien unter dem Titel *Unfinished Music No. 1* (1968) – bekannten sich die beiden dazu, nicht nur eine vorübergehende Affäre miteinander zu haben, und waren fortan unzertrennlich. Die Scheidung von John Lennon und seiner Frau Cynthia ging im November des Jahres für alle Beteiligten äußerst schmerzhaft über die Bühne. Und die symbiotische Beziehung von John und Yoko beeinflusste die Zusammenarbeit der Beatles nachhaltig. Yoko war von nun an bei den Aufnahmesessions im Studio anwesend, Irritationen waren vorprogrammiert, zumal sie den anderen Beatles demonstrativ signalisierte, dass sie und John, nicht aber die übrigen Bandmitglieder, jetzt die wichtigsten Partner seien.

Man kann sicherlich nicht Yoko Ono allein für die spätere Trennung der Beatles verantwortlich machen, dazu waren die Motive viel zu komplex, aber den Spaltpilz hat sie nicht zuletzt durch ihre aufreizende Dauerpräsenz im Aufnahmestudio des Jahres 1968 gesät. So wurde die Arbeit am neuen Album alles andere als ein begeisterndes Gruppenerlebnis. Später gab Lennon zu: »Dieses Album war eigentlich ich und Begleitband, Paul und Begleitband, George und Begleitband … Wir lösten uns damals auf.« Dennoch wurde das »Weiße Album« ein spektakulärer Erfolg. Ein Titel wie ›Revolution 1‹ – inspiriert durch den revolutionären Mai in Paris (am Tag der Aufnahme dieses Lennon-Songs löste de Gaulle die französische Nationalversammlung auf) – wurde als politisches Manifest wahrgenommen. Die experimentelle Version ›Revolution 9‹, eine Mixtur von John und Yoko, erwies sich dagegen als wegweisendes Stück elektronischer Chaos-Komposition, obwohl die anderen drei Beatles es am liebsten vom Weißen Album verbannt hätten. Es gilt bis heute als das am weitesten verbreitete Beispiel avantgardistischer Zufallsmusik. In Bezug auf die soziokulturelle Wirkung – nicht in Bezug auf die musikalische – zählt dieser acht Minuten und fünfzehn Sekunden dauernde Versuch freier Klangassoziationen zu den größten Leistungen der Beatles. Das Stück scheint direkt aus dem Unterbewusstsein seiner Schöpfer zu kommen – konserviert auf mehr als dreißig verschiedenen »tape loops«, die dann miteinander verblendet wurden. Mark Lewisohn, der die Aufnahmesessions der Beatles Minute für Minute analysiert hat, konnte im Endmix des Stücks die unterschiedlichen Geräuschquellen identifizieren: Zu hören sind ein Chor, rückwärts abgespielte Violinen, ein rückwärts abgespieltes Symphonieorchester, ein orchestraler Overdub von ›A Day in the Life‹, klingende Gläser, Applaus, Opernaufnahmen, rückwärts abgespielte Mellotron-Sounds, Summen, Satzfetzen von John und George und eine Kassettenaufnahme von John und Yoko mit ihren Schreien »Right!«. Am nachhaltigsten aber wirkt das eingespielte Band mit der sonoren Stimme, die »number nine, number nine« intoniert. Es handelt sich hier wahrscheinlich um einen Auszug aus einer auf Band mitgeschnittenen Prüfung von Studenten an der Royal Academy of Music.

Der vorsätzliche Nonsens-Charakter der Sound-Collage verführte den amerikanischen Sekten-Guru Charles Manson – der sich bereits den vieldeutigen Song-Slogan »Helter Skelter« als Schlachtruf zu eigen gemacht hatte – dazu, einzelne Bruchstücke der Mixtur als Aufforderung zum Mord an Mitgliedern der weißen Mittelklasse der USA zu begreifen. Das als »rise« missverstandene »right« fand sich denn auch in blutiger Schrift an den Schauplätzen der Verbrechen seiner Anhänger.

McCartney, der sich zur Zeit der Veröffentlichung des Weißen Albums in Amerika aufhielt, war schlicht eifersüchtig auf Lennon, der jetzt mit ›Revolution 9‹ als großer Innovator gefeiert werden würde. Obwohl doch er, Paul McCartney, seit 1966 zu Hause immer wieder Sound-Collagen hergestellt hatte. Bereits siebzehn Monate vor ›Revolution 9‹, am 5. Januar 1967, hatte Paul unter dem Arbeitstitel ›Carnival of Light‹ mit den drei anderen Beatles ein Free-Music-Manifest produziert, das bis heute unveröffentlicht geblieben ist. Ursprünglich sollte es 1996 auf *Anthology 2* erscheinen, doch George Harrison legte im letzten Moment sein Veto ein. Außerhalb des engen Apple-Kreises hat bisher niemand das knapp 14minütige ›Freak-Out-Tape‹ gehört, das laut Ian MacDonald »weder Form, Takt oder Tonart besitzt« – sieht man einmal von dem drogenumnebelten Publikum ab, das sich am 28. Januar und 4. Februar 1967 im Londoner »Roundhouse« zu einem Mixed-Media-Event namens »Carnival of Light« versammelt hatte. An beiden Abenden wurde das krude Beatles-Tape, das Paul McCartney zuvor persönlich bei den Veranstaltern abgeliefert hatte, ohne einen Hinweis auf seine Urheber gespielt. Niemand von den Besuchern dieses musikalischen Happenings wusste, dass es sich bei der bizarren Sound-Collage um ein Beatles-Stück handelte. Orientiert an den Umweltgeräusch-Collagen der *musique concrète*, wie sie Ende der 1940er Jahre von Pierre Schaeffer entwickelt wurde, inspiriert durch die ästhetische Radikalität des britischen Free-Jazz-Trios AMM und sein absichtsloses Spiel mit dem Zufall, versuchten die Beatles durch ihre Stimmen, mit Orgel, Gitarren und Tambourin, Hall-, Echogeräten und rückwärts laufenden Bandschleifen eine Art »tonalen Alptraum« zu realisieren – ganz im Geist jener Gegenkultur, in der sich Flower-Power-Idealismus, Drogen-Begeisterung, provokante Straßenpolitik, kommerzieller Opportunismus und Empörung über den Vietnam-Krieg zu einer diffus-rebellischen Haltung verdichteten.

Doch zurück zum Weißen Album *The Beatles* vom darauffolgenden Jahr. Insgesamt gab es wenig Neues auf dem

Doppelalbum zu entdecken. Selbst der während der Aufnahmesessions entstandene McCartney-Hit ›Hey Jude‹ lässt sich trotz seines Ohrwurm-Charakters allenfalls als sympathische Geste an Lennons Sohn Julian verstehen – ursprünglich sollte das Lied ›Hey Jules‹ heißen und den Fünfjährigen nach der Trennung seiner Eltern ein wenig trösten (»take a sad song and make it better«). Sonnige Stücke wie ›Honey Pie‹ oder der Calypso ›Ob-La-Di, Ob-La-Da‹ standen auf dem Album zusammenhanglos neben dunklen Leidenschaften von Songs wie ›Happiness Is a Warm Gun‹ oder ›I'm So Tired‹. Doch auch läppische Liedchen wie Ringo Starrs ›Don't Pass Me By‹ oder Harrisons ›Piggies‹ fanden den Weg auf die beiden Platten. Für den heimlichen Höhepunkt sorgte nicht ein Song von Lennon/McCartney, sondern die Harrison-Komposition ›While My Guitar Gently Weeps‹.

Es ist heute noch faszinierend, nachzuvollziehen, wie im Studio dieses melancholische Lied von einem sanften Folksong-Solo auf der Akustikgitarre – veröffentlicht auf *Anthology 3* (1996) – zum mitreißendsten Statement des E-Gitarristen mutierte. Entscheidenden Anteil an dieser Metamorphose hat hier das lautmalerische Solo des Gastgitarristen und Harrison-Freundes Eric Clapton. Er lässt Harrisons legendäre »Lucy«-Gitarre – eine weinrot lackierte »Gibson Les Paul« – mittels eines »Flanger«-Effektgeräts wimmern, weinen und heulen und macht das Lied zum Paradox einer »jubilierenden Klage« – auch wenn in der auf dem Weißen Album veröffentlichten Version die dritte, vielleicht anrührendste Strophe fehlt: »I look from the wings at the play you are staging, / while my guitar gently weeps. / As I'm sitting here, doin' nothing but aging, /

still my guitar gently weeps.« Dabei geht diese Hommage an die sechs Saiten ursprünglich auf Harrisons Interesse an dem fernöstlichen »I Ging« zurück, einer Sammlung von Sprüchen und Sentenzen, der man, von einem Losverfahren geleitet (etwa durch Ziehen von Holzstäbchen oder Werfen einer Münze), Antworten auf vorher formulierte Fragen entnehmen kann. Das gab Harrison die Idee ein, einen Song zu schreiben, der auf der Formulierung gründen sollte, die ihm beim zufälligen Aufschlagen eines x-beliebigen Buches als erstes in die Augen springen würde. Im Haus seiner Eltern schnappte er sich irgendein Buch, öffnete es und sah zuerst die beiden Wörter »gently weeps«. Harrisons Gitarren-Klassiker verdankt sich also dem puren Zufall.

Zieht man in Betracht, dass die zweite Hälfte des Doppelalbums mit halbherzigen Nummern wie ›Yer Blues‹ – einer uninspirierten Parodie auf den britischen Blues-Boom – oder ›Cry Baby Cry‹ einen viel schwächeren Eindruck hinterlässt als die erste Platte, kann man kaum von einer homogenen Veröffentlichung sprechen. Dass diese Sammlung von Solo-Projekten dann unter dem Gemeinschaftstitel *The Beatles* veröffentlicht wurde, mag man ebenfalls als Ironie der Popgeschichte interpretieren.

Am Ende der langen, gewundenen Straße

Das letzte Jahr der Beatles als Band begann richtungslos. Als bekannteste und beliebteste Popgruppe der Welt gab es für die vier kaum noch etwas zu gewinnen. Die gemeinsame Firma »Apple« bot jetzt jedem einzelnen die Gelegenheit, seine persönlichen Projekte zu verwirklichen, ohne auf den Zusammenhalt der Gruppe noch Rücksicht nehmen zu müssen. Lennon konzentrierte sich auf die künstlerische Kollaboration mit Yoko Ono, die nicht nur in Johns Umfeld, sondern zunehmend auch in den britischen Medien mit Hohn und Spott übergossen wurde. Bei diesen Diskriminierungen mögen durchaus rassistische Motive im Spiel gewesen sein, denn besonders beliebt waren Verballhornungen ihres Namens in »Oh, No, Ono« oder »Okay Yoni« – nach dem Kamasutra-Wort für Vagina. Kein Wunder, dass John die Häme, die seiner Geliebten entgegenschlug, die ihm doch ganz neue ästhetische und politische Horizonte wies, als Verpflichtung empfand, sich umso enger an sie zu binden. George Harrison kultivierte derweil sein Interesse an indischer und elektronischer Musik, während Ringo seinen Filmplänen nachhing. Einzig und allein Paul McCartney vermisste Anfang 1969 schmerzlich den kollektiven »spirit« der Beatles. Er glaubte, dass die Arbeit der letzten Jahre im sterilen Aufnahmestudio die visionäre Kraft der Gruppe gelähmt und zur Vereinzelung der Mitglieder beigetragen habe. Lennon war da in seiner Einschätzung pragmatischer: »Wir hörten auf, eine Band zu sein, als wir aufhörten, zusammen in Schallplattenläden zu gehen und uns unsere Lieblingssingles anzuhören.«

McCartney unternahm einen letzten Versuch, das Zusammengehörigkeitsgefühl der Beatles noch einmal zu stärken. Er schlug vor, zu den Ursprüngen zurückzukehren: »Wir hatten natürlich wie alle Bands gute und schlechte Zeiten, aber meistens waren wir eine großartige kleine Rock-'n'-Roll-Band und spielten Blues und Rock. Das funktionierte ganz gut.« An diese Tugend wollte er jetzt anknüpfen und einen Fernsehfilm über die Proben der Beatles für ein großes Konzert vor Publikum produzieren. Ursprünglich waren drei Auftritte im Londoner »Roundhouse« für Mitte Dezember des Jahres geplant. Später kam McCartney auf die Idee, doch lieber in einem römischen Amphitheater, in der Sahara oder auf einem Schiff im Mittelmeer aufzutreten.

Trotz großer Vorbehalte bei den anderen begann am 2. Januar 1969 die Probenarbeit in den Twickenham Film Studios. Die vier hatten die Auseinandersetzungen rund um das Weiße Album noch im Hinterkopf und eine ständig präsente Kamera-Crew vor Augen – das Projekt stand von Anfang an unter keinem guten Stern. Das später unter dem Titel *Let It Be* veröffentlichte Filmmaterial zeigt vier desinteressierte Musiker in einem provisorischen Aufnahmestudio in Twickenham, die sich durch Oldies von Chuck Berry und The Drifters bis zu Bob Dylan quälen. Ein Funke will einfach nicht überspringen. Selbst in neuen Eigenkompositionen wie ›Oh! Darling‹ oder ›Mean Mr. Mustard‹ – mal akustisch, mal elektrisch, mal schnell, mal langsam – wirkt die Vitalität der vier zwanghaft. Auch die parodistischen Elemente besitzen jetzt kaum noch einen Kick. Das programmatische ›Get Back‹ hieß zum Beispiel zuerst ›No Pakistanis‹, in Anspielung auf die damals von Rechten initiierte Kampagne »Britain for the British«.

George Harrison hatte schließlich die Nase voll und keine Lust mehr, sich von Paul McCartney »vorschreiben zu lassen, wann und was ich zu spielen habe«. Er verließ am 10. Januar die Proben mit der Bemerkung: »Man sieht sich irgendwann in den Clubs wieder!« Lennon überlegte, ob man – nach diesem scheinbar endgültigen Ausstieg – nicht Eric Clapton als Ersatz für Harrison in die Band holen sollte. Doch fünf Tage später lenkte der Leadgitarrist unter der Bedingung ein, die künstliche Probensituation in Twickenham und die Idee eines Livekonzerts aufzugeben und stattdessen in den »Apple«-Studios mit der gewohnten Arbeit an einem neuen Album zu beginnen. Man einigte sich darauf, die Platte »live at the studio« ohne aufwendige Playbacks und Effekte einzuspielen. »Get Back« sollte dieses Authentizitäts-Versprechen betitelt werden. Um die harmonische Basis der Live-at-the-studio-Band zu vergrößern, bat Harrison den Keyboarder Billy Preston zur Band hinzu – die Beatles kannten den Amerikaner noch aus ihrer Hamburger Zeit. Jetzt sollte er den sämigen Sound eines »Fender Rhodes Piano« beisteuern.

Bis zum 29. Januar hatte das Quintett genügend Material für ein Album eingespielt und eine Kamera im Studio die Band bei ihrer Suche nach den Wurzeln begleitet. Um dem Live-Material zusätzliche Frische zu verleihen und das Projekt spektakulär zu beenden, entschlossen sich die Beatles kurzerhand, am darauffolgenden Tag auf dem Dach des »Apple«-Gebäudes in der Londoner Savile Row ein Kurz-Konzert für die Kameras und die Menschen auf der Straße zu geben. So fand am 30. Januar 1969 der letzte gemeinsame Auftritt der Beatles als Band statt. Zwanzig Minuten dieser legendären Performance finden sich in dem später veröffentlichten Film *Let It Be* wieder.

Man beauftragte den Toningenieur und Produzenten Glyn Johns, das Studiomaterial zu einem homogenen Album zu ordnen. Als Cover plante man eine Neuauflage der berühmten Fotografie der vier auf dem Balkon des EMI-Gebäudes, die auf dem Album *Please Please Me* (1963) zu sehen ist. Bis zum März hatte Johns eine Fassung erstellt, in der sich spontane Song-Sequenzen, ausgearbeitete Lieder, Gelächter und Gesprächspassagen mischten. Die Beatles lehnten diese Version ab. Auch die zweite Abmischung missfiel den ›Fab Four‹ – entweder zweifelten sie am Mix oder an der Qualität ihres eigenen Live-Spiels. Dabei waren Johns' aufregende Übergänge von einem Instrumental-Jam namens ›Rocker‹ über den Drifters-Klassiker ›Save the Last Dance for Me‹ zu Lennons neuem Kracher ›Don't Let Me Down‹ durchaus gelungen.

Doch zunächst legte man das »Get Back«-Projekt auf Eis, Privates ging jetzt vor. McCartney heiratete am 13. März 1969 die amerikanische Fotografin Linda Eastman, die er seit 1967 kannte. Sieben Tage später heirateten auch John Lennon und Yoko Ono in Gibraltar. Ihre anschließenden »Bed Peace«-Happenings in Amsterdam und Montreal waren als Beitrag zum Weltfrieden gedacht. Lennon dachte jetzt zunehmend in »Kampagnen« und war der Meinung, er könne Songs so rasant wie journalistische Texte schreiben und ebenso schnell veröffentlichen. Wurde die Single ›Give Peace a Chance‹ in seinem Hotelzimmer in Montreal aufgenommen, so kam sie schon fünf Wochen später auf den Markt. Mit ›Instant Karma‹ ging es noch schneller: Aufnahme an nur einem Tag und elf Tage später in den Läden.

Obwohl George Martin nach dem »Get Back«-Desaster nicht mehr an so etwas geglaubt hatte, rief Paul ihn im Sommer 1969 an und fragte, ob er – wie bisher – ein neues Studio-Album mit den Beatles produzieren wolle. Martin sagte erleichtert zu, und die Aufnahmen begannen am 1. Juli. Neben Lennons Minimal-Song ›I Want You (She's So Heavy)‹ spielte man das anmutige ›Something‹ von Harrison. Der Gitarrist hatte an seinem sechsundzwanzigsten Geburtstag, dem 25. Februar 1969, die ersten Demo-Versionen dieses Songs aufgenommen, den er bereits während der Sessions für das Weiße Album geschrieben hatte. Mit diesem Lied, das später von Ray Charles und Frank Sinatra gleichermaßen gecovert wurde, hatte Harrison seine Reifeprüfung als Songschreiber bravourös bestanden. Das Stück transportiert ebenso eine verträumt besorgte Atmosphäre wie einen leidenschaftlichen Aufbruchsgestus: Blues und Romantik gehen hier Hand in Hand.

Auch Ringo Starr steuerte mit dem Kinderlied ›Octopus's Garden‹ die wundervolle Utopie eines Unterwasser-Gartens bei. Entstanden war die Idee zu diesem hüpfenden Hit, als Ringo sich nach einem Streit mit Paul McCartney über seinen Drum-Part bei ›Back in the U.S.S.R.‹ für ein paar Tage und Nächte auf der Yacht seines Freundes, des Schauspielers Peter Sellers, an der Küste Sardiniens einquartiert hatte. Der Kapitän des Schiffes unterhielt den Drummer mit Geschichten über Tiefseekreaturen und Kraken. Er erzählte ihm auch von Tintenfischen, die sich mit Hilfe von am Meeresboden aufgesammelten Steinen und glänzenden Materialien regelrechte »Gärten« anlegen. Und so präsentierte Ringo nach dem von ihm gesungenen ›Yellow Submarine‹ seinen zweiten, ungeheuer eingängigen »seaside song«.

Mitten in diese Sessions platzte die Nachricht, dass das Missmanagement bei »Apple« die Beatles in den Konkurs treiben würde, wenn man nicht schnellstens etwas unternähme. McCartney wollte mit dem renommierten New Yorker Rechtsanwaltsbüro Eastman & Eastman seinen Schwiegervater und Schwager beauftragen, das Finanzdickicht von »Apple« zu lichten, wurde aber von den anderen Beatles überstimmt. Die misstrauten Pauls »Familienaktion« offensichtlich und entschieden sich für den hemdsärmeligen Allen Klein, der gerade erst für die Rolling Stones einen lukrativen Plattenvertrag ausgehandelt hatte. Trotz dieser geschäftlichen Differenzen wollte man aber das gerade begonnene Studioalbum unter Dach und Fach bringen. Zuerst hatten die Musiker dafür den Arbeitstitel »Everest« vorgesehen – angeregt durch die gleichnamige Zigarettenmarke eines Studiotechnikers, glaubte man, der Name des höchsten Berges der Welt könne treffend die Spitzenposition der Beatles symbolisieren. Doch als es darum ging, für das geplante Coverfoto auf den Mount Everest zu fliegen, hatte niemand mehr Lust dazu. McCartney arrangierte daraufhin das berühmte Zebrastreifen-Foto vor den Abbey Road Studios. Und was lag da näher, als auch das Album nach dem Ort ihrer musikalischen Triumphe zu benennen.

Niemand wäre bei der Aufnahme des ebenso schlichten wie schönen Coverfotos damals auf die Idee gekommen, dass die nackten Füße von Paul McCartney eine weltweite

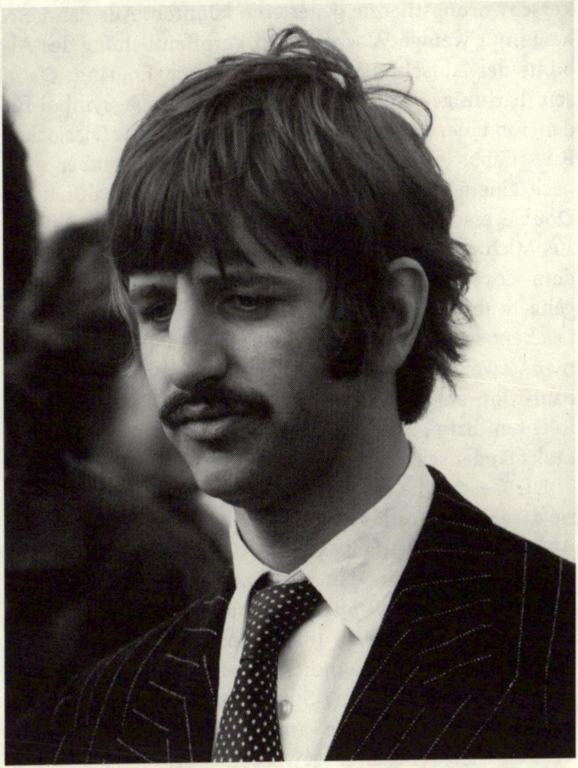

Meist lustig und vergnügt:
Ringo Starr, der Taktgeber im Hintergrund (1967)

Verschwörungstheorie generieren könnten. Aus den USA hallte nur wenige Wochen nach Veröffentlichung des Albums der Aufschrei »Paul ist tot!« nach England. Denn sein barfüßiges Auftreten sei ein altes Mafia-Symbol für den Tod einer Person. Wahrscheinlich – so der Discjockey Russ Gibbs – sei McCartney schon im November 1966 nach einem tödlichen Autounfall von Epstein durch ein Double ersetzt worden. Und der Journalist Fred LaBour aus Michigan steuerte die Beobachtung bei, dass Paul auf dem Coverfoto nicht im Gleichschritt mit den anderen gehe, während John wie ein Geistlicher, Ringo wie ein Leichenbestatter und George wie ein Totengräber daherkämen. Zweifellos handle es sich auch deshalb um einen Paul-Klon auf dem Foto, weil der eine Zigarette in der Rechten halte, wo doch jeder wisse, dass McCartney Linkshänder sei.

Die Geschichte demonstriert, welche weltweite Hysterie damals die Beatles umgab. Der Popularität des Albums *Abbey Road* jedenfalls konnte die Räuberpistole nicht schaden. Anstatt an den experimentellen Schwung von *Revolver* und *Sgt. Pepper* anzuknüpfen, sollte es durch handwerkliche Solidität und zeitlos schöne Stücke überzeugen. Der einzig wirklich neue Sound des Albums stammt von dem »Moog Synthesizer«, der – gerade erst entwickelt – durch den amerikanischen Komponisten Walter Carlos bekannt geworden war; dessen Album *Switched-On Bach*, das Kompositionen des Barockkomponisten erstmals elektronisch eingespielt präsentierte, hatte wie eine Bombe eingeschlagen. Harrison kaufte sich eines der ersten Modelle und baute es in den Abbey Road Studios auf. Fasziniert von den synthetischen Klangmöglichkeiten, setzten die Beatles die Synthesizer-Effekte auf Titeln wie ›Because‹, beim Blubbern im ›Octopus's Garden‹ und vor allem in ›Maxwell's Silver Hammer‹ ein.

Die prinzipielle Kontroverse zwischen Lennon und McCartney bestand während der Aufnahmen darin, ob man – wie von Paul und George Martin gewünscht – einzelne Song-Teile zu einer großen Suite miteinander verbinden sollte. Lennon lehnte dies mit dem Hinweis auf den fragmentarischen Charakter der nicht vollständig ausgearbeiteten Stücke ab. Schließlich einigte man sich auf einen Kompromiss: Die intendierte Suite mit ›Mean Mr. Mustard‹, ›Polythene Pam‹, ›She Came In Through the Bathroom Window‹ und drei weiteren Song-Skizzen sollte nur als Bestandteil der B-Seite der Langspielplatte erscheinen. Eröffnet wurde dann diese Seite durch Harrisons luftige Komposition ›Here Comes the Sun‹ – ein Lied, das die Ankunft des Frühlings nach einem harten Winter feiert.

Die Beatles als Band spürten derweil keine Frühlingsgefühle mehr. Für einen letzten ›Schwanengesang‹ hatte man sich noch einmal zusammengerauft und schaffte mit dem Song ›The End‹ immerhin einen grandiosen Abschied. Nach einer wildbewegten Gitarrenschlacht von Harrison, Lennon und McCartney vereinigen sich ein letztes Mal die drei Gesangsstimmen zu den Zeilen: »And in the end / the love you take / is equal to the love you make«. Es war das perfekte Ende ihrer Studio-Karriere.

Als man *Abbey Road* (1969) im August endlich im Kasten hatte, wollte Lennon sofort die – wie er es nannte – »Scheidung von den Beatles« einreichen. Doch Allen Klein überredete ihn, aus verhandlungstaktischen Gründen noch abzuwarten. Lennon war nach wie vor bereit, live aufzutreten, jedoch nicht mehr mit Paul McCartney. Deshalb nahm er auch eine Einladung nach Toronto an und spielte dort mit seiner Plastic Ono Band eine Rock'n'Roll-Oldie-Show: Eric Clapton war der Leadgitarrist, Klaus Voormann spielte Bass, und Alan White saß am Schlagzeug.

Aber da gab es ja noch das ungelöste Fiasko der »Get Back«-Aufnahmen. Inzwischen war unter dem Titel *Let It Be* der Konzert-/Proben-Film von Lindsay-Hogg erschienen, und im März 1970 bekam der Produzent Phil Spector – berühmt für seine »walls of sound« – den Auftrag, das Song-Material einer finalen Bearbeitung zu unterziehen. Die McCartney-Komposition ›Let It Be‹ sollte dem Plattenprojekt jetzt seinen erlösenden Namen geben. Paul, der in der Öffentlichkeit als lockerer Charmeur gesehen wurde, zeigte sich spätestens nach den Studio-Streitereien um das Weiße Album von Lennons neu aufgeblühtem Sarkasmus tief verunsichert. Eines Nachts soll ihm seine Mutter Mary dann im Traum zugeflüstert haben: »Junge, lass dich nicht so fertigmachen, lass es einfach sein.« Der daraus entstandene Song zählt wegen seiner »Atmosphäre überirdischen Trosts« (Ian MacDonald) noch immer zu den beliebtesten Beatles-Stücken. Lennon hatte wohl das »earcatching-potential« von Text und Melodie frühzeitig erkannt, denn bei der Aufnahme flüsterte er seinem vermeintlichen Widersacher Paul boshaft zu: »Sollen wir beim Solo etwa kichern?«

Mit Spector hatte man vereinbart, bei der Bearbeitung des musikalischen Materials die gängigen »post-production«-Techniken anzuwenden, ansonsten aber nach dem Prinzip »größtmöglicher Natürlichkeit« vorzugehen. Das

Endergebnis sprach dieser Vorgabe hohn. Denn Spector – berüchtigt für seine bombastischen Arrangements – hatte ein fünfzigköpfiges Orchester plus Chor für Zusatzaufnahmen verpflichtet. Anstelle der intendierten Einfachheit entstand ein schlichtweg überproduziertes Album. Wunderbare Stücke wie ›Across the Universe‹, ›The Long and Winding Road‹, ›Let It Be‹ oder ›I Me Mine‹, die im Original aus dem Charme ihrer raffinierten Schlichtheit gelebt hatten, waren nun im symphonischen Brei versunken. Lennon war dennoch mit *Let I Be* (1970) zufrieden, McCartney aber war außer sich.

Erst am 17. November 2003, genau 12 737 Tage, nachdem die Beatles in den Twickenham Film Studios ihr Projekt starteten, erschien *Let It Be* endlich in der Form, wie es die ›Fab Four‹ von Anbeginn beabsichtigt hatten: als *Let It Be ... Naked* (2003). Die Idee zu einer Neuauflage, die genau dieses ursprüngliche Ziel erreichen sollte, kam McCartney zwei Jahre zuvor. Zufällig hatte er im Jahr 2001 Michael Lindsay-Hogg, den Regisseur des Films *Let It Be*, im Flugzeug getroffen, und dieser hatte vorgeschlagen, den Film auf DVD herauszubringen. McCartney fand die Idee gut; er erzählte Neil Aspinall davon und hörte sich noch einmal die Originalbänder der damaligen Aufnahmesessions an, die so nackt und natürlich klangen, wie sie auch in dem Film zu hören sind. Daraufhin übergab McCartney den drei Abbey-Road-Tontechnikern Allan Rouse, Paul Hicks und Guy Massey die Originalbänder: dreißig Achtspur-Tapes mit einer Gesamtspieldauer von fünfzehn Stunden Musik, Gesprächen, Fragmenten, Ideen, aber auch fertigen Songs. Das Trio bekam freie Hand, und die mühsame Restaurierung des letzten großen Werks der Beatles konnte beginnen. Das Ergebnis rechtfertigte den Aufwand: *Let It Be ... Naked* zeigt die Beatles, trotz aller Spannungen in der Band, roh, ungeschliffen und pur. Alle Songs haben nun eine klarere und entschiedenere Form angenommen. Nicht nur die sogenannte »wall of sound« von Phil Spector ist verschwunden, auch die Dialogfetzen und die beiden fragmentarischen Songs ›Dig It‹ und ›Maggie Mae‹ sind auf der neuen Version nicht mehr zu hören. Dafür wurde ›Don't Let Me Down‹, ursprünglich nur die B-Seite der Single ›Get Back‹, in die neu angeordnete Song-Abfolge integriert.

Daneben erschien mit dem restaurierten Material eine 22minütige CD, die einen Eindruck von der Atmosphäre der Aufnahmen im Jahr 1969 bietet. Neben Gesprächen der Band sind hier auch Fragmente einzelner Songs zu hören. »Du bekommst ein völlig klares Bild, wie die Band zu dieser Zeit gesungen und gespielt hat, und wie gut diese kleine Band war. Das war immer das Ding mit den Beatles. Wir waren immer eine großartige kleine Band. Das zeigt sich auf den *Let It Be*-Tapes, und das ist das Wichtige«, so Paul McCartney. Und der Drummer-Boy von einst, Ringo Starr, sekundiert im Jahr 2003: »›The Long and Winding Road‹ hat mich weggeblasen ohne die Streicher. Es ist nichts falsch an Phils Streichern, aber es gibt dem Hören einen anderen Sinn.« Selbst Yoko Ono hat inzwischen längst ihren Frieden mit den einst eifersüchtig überwachten Sessions gemacht: »Ringos Performance ist unglaublich. Heutzutage versuchen viele Schlagzeuger, ihn irgendwie zu kopieren, aber ich wüsste nicht, wie ihnen das gelingen könnte.« Sie glaube nicht, dass »sie Ringo sein können. Er hat die Beatles immer bei Laune gehalten und dafür gesorgt, dass *Let It Be* gut wird. Nun zeigt das Album erst, wie es war und sein kann. Die Beatles waren phantastisch, sie brauchten eigentlich keinerlei Hilfe, und besonders diese Version zeigt das ganz deutlich.« So hat Paul McCartney – einst zutiefst verletzt von der amputierten *Let It Be*-Version – noch seine späte Genugtuung erfahren.

Am 10. April 1970 verkündete er vor der Presse die Auflösung der Beatles. Angesprochen auf die mögliche Zukunft des Songschreiber-Duos Lennon/McCartney antwortete er lakonisch: »Time will tell!« Lennon kommentierte das Ende leidenschaftslos: »Keine große Sache! Die Leute reden darüber, als sei es das Ende der Welt. Dabei ist nur eine Rockgruppe auseinandergegangen.«

*

Sechsunddreißig Jahre später, im Dezember 2006 – John Lennon ist bereits seit sechsundzwanzig Jahren tot –, kann Paul McCartney frohlocken: »Es klingt so, als wären die Beatles wieder vereinigt!« Grund für diesen Jubelschrei – passend zum Weihnachtsgeschäft – ist das Erscheinen von *Love*, einem Remix-Album der ›Fab Four‹. Der kanadische »Cirque du Soleil« hatte nämlich die Idee, eine Art »Beatles-Revue« im »Mirage«-Theater von Las Vegas zu veranstalten, und brauchte dazu einen autorisierten Soundtrack von Lennon/McCartney. Der Kontakt zu dem weltweit gefeierten Zirkusunternehmen ging aber auf George Harrison zurück. Er und Guy Laliberté, der Gründer des »Cirque du Soleil«, waren über ihre gemeinsame Leidenschaft für Autorennen enge Freunde geworden. Der inzwischen fast taube George Martin bekam nun den Auftrag, eine Art »soundscape« aus dem vorhandenen Beatles-Material zu erstellen. Dazu hörte er mit seinem Sohn Giles alle vorhandenen Multitrack-Aufnahmen, also Hunderte von Tonspuren der klassischen Stücke, ab.

Giles Martin hatte dann die Idee, den hypnotischen Schlagzeugpart von Ringo in dem Lennon-Stück ›Tomorrow Never Knows‹ unter Harrisons ›Within You Without You‹ zu legen, weil die Stücke vom Tempo her zueinanderpassten. Das war im Jahr 2003, und fortan arbeiteten die beiden Martins an einem Remix – sie nannten es »reworking« – von Beatles-Stücken als Soundtrack für die »Cirque du Soleil«-Produktion »Love«. Die experimentellen Mischungen, wie sie auf dem gleichnamigen Album zu hören sind, entstanden in enger Abstimmung mit der Szenenfolge der »Cirque du Soleil«-Produktion. Die Rechteinhaber Paul McCartney, Ringo Starr, Yoko Ono und Olivia Harrison hatten dem Projekt ihren Segen gegeben. John Lennon und George Harrison konnten sich nicht mehr dagegen wehren.

Welch wirre Mixtur dabei entstand, mag hier das Ende von John Lennons Meisterwerk ›Strawberry Fields Forever‹ demonstrieren: In der Schlusscollage werden die Blaskapelle aus ›Sgt. Pepper's Lonely Hearts Club Band‹, das perlende Pianosolo aus ›In My Life‹, das Bachtrompetensolo aus ›Penny Lane‹, der Cembalo-Part vom Titel ›Piggies‹ und der Refrain von ›Hello Goodbye‹ miteinander verblendet.

In fast allen Fällen führt dieses Neugemixe zu einer Verschlimmbesserung der Originale. Die peinlichste Platitüde aber leisten sich Martin, McCartney & Co., wenn sie ›Eleanor Rigby‹ in die Gitarrenakkorde von Lennons ›Julia‹

münden lassen: Die hier eingeblendeten Kinderstimmen sollen zusammen mit der Sirene eines Krankenwagens wohl auch dem Einfältigsten klarmachen, dass Lennons Mutter bei einem Verkehrsunfall ums Leben kam.

Doch das Material wird nicht nur neu arrangiert, es wird rekomponiert: Die digitalen Mischungen machen es jetzt für eine neue Verwertungskette, nämlich für das Dolby-Surround-Format 5.1, tauglich. Zugleich wird der Sound der Stücke, aber auch die Klangcharakteristik einzelner Instrumente modernisiert. Er wird den Hörerfahrungen eines jüngeren Publikums angepasst, das musikalisch mit HipHop und Techno, mit den Stampf-Sounds des Dancefloor sozialisiert wurde. Man kann also durchaus von einem »ästhetischen Opportunismus« hinsichtlich des Klang-Designs sprechen.

Das Album *Love* demonstriert also vor allem eines: Der kommerzielle Ausverkauf, die »Las Vegasierung« der Beatles, der vielleicht größten Ikonen, die die Popkultur bis heute zu bieten hat, ist in eine neue Phase eingetreten.

Vereinzelte Flaggen am Schiffsmast

Bis heute haben die vier Mitglieder zusammen mehr als hundert Soloalben veröffentlicht, ohne dass eines davon auch nur entfernt die Klasse der Beatles-Arbeiten erreicht hätte. Vielmehr nutzten vor allem John und Paul in den 1970er Jahren die Alben, um versteckte Seitenhiebe auf den anderen zu plazieren. So geschehen, als McCartney im Februar 1971 mit dem schwermütigen ›Another Day‹ seine erste Post-Beatles-Single veröffentlichte – ein Überbleibsel aus den »Get Back«-Sessions. Obwohl die melancholische Unterströmung des Songs über die ernüchternden Tagträume einer Büroangestellten auf die verlustreiche Trennung von dem langjährigen Weggefährten und Seelenverwandten Lennon hinzudeuten schien, wies dieser das Lied brüsk zurück und antwortete mit dem sarkastischen ›How Do You Sleep?‹. Lennon wirft in diesem umstrittenen Lied dem ehemaligen Songwriterkollegen mangelndes Talent (»the only thing you done was Yesterday […] the sound you make is Muzak to my ears«), ein Muttersöhnchen-Verhalten (»Jump when your mama tell you anything«) und vor allem angepassten Konservativismus vor – natürlich im Unterschied zum Ultra-Avantgarde-Verständnis von Lennon selbst (»you live with straights who tell you you was king«). Die Unversöhnlichkeit, die aus Johns Angriff spricht, hat dabei auch etwas Kindisches. So kann man nur mit jemandem abrechnen, den man wirklich geliebt und als Autorität betrachtet hat.

Obwohl sich die Fab Four in unterschiedlichsten Kombinationen in den folgenden Jahren immer wieder begegnen und auch musikalisch zusammenraufen sollten, kam es trotz verlockender Angebote zu keiner Wiedervereinigung. Schon 1976 hatte ihnen der Promoter Bill Sargent eine Garantiesumme von fünfzig Millionen Dollar für ein einziges Reunion-Konzert geboten. Selbst nach Lennons Ermordung hielt der Druck auf die überlebenden Beatles an: Lange war spekuliert worden, dass Lennons Sohn Julian bei der in den 1980er Jahren immer wieder geforderten Beatles-Reunion (im Umfeld von »Live Aid« 1984 schossen solche Gerüchte ins Kraut) den Platz seines Vaters übernehmen könnte. Doch wie hatte George Harrison 1989 treffend bekräftigt: »Ich bin überzeugt: Es wird keine Beatles-Reunion geben, solange John Lennon tot ist.«

Im Winter 1995 war es dann doch so weit: Lennon wurde aus dem Reich der Toten zurückgeholt, um mit den noch lebenden Beatles virtuell zwei neue Veröffentlichungen einzuspielen. Man mag es als billige Ausbeutung denunzieren – das Erscheinen der beiden Lennon-Songs ›Free As A Bird‹ und ›Real Love‹ in der Nachbearbeitung durch die drei Beatles war ein historisches Ereignis. Anfang 1994 hatte Yoko Ono die Demo-Aufnahmen McCartney auf dessen Bitte hin überlassen, nachdem John Lennon gerade postum in die »Rock 'n' Roll Hall Of Fame« aufgenommen worden war. Im Rahmen der *Anthology*-Veröffentlichungsaktivitäten produzierte dann Jeff Lynne und nicht George Martin die ›Re-Recordings‹ der beiden Songs. McCartney hatte dabei das Gefühl, als sei Lennon nur mal eben in Urlaub gefahren und habe die anderen Beatles im Studio angerufen, sie mögen doch schon mal anfangen, seine Songideen umzusetzen, er würde ihnen voll vertrauen. Ringo erklärte später zu den musikalisch mittelprächtigen Ergebnissen: »Es war für uns alle traurig, weil wir drei dabei wieder so gut zusammenfanden, und da bleibt dieses leere Loch, und das *ist* John.«

In der Nacht des 8. Dezember 1980 zerstörten fünf Schüsse von Mark Chapman nicht nur das Leben von Lennon auf den Stufen des New Yorker Dakota Building. Im Staccato-Rhythmus seines Trommelrevolvers starben auch die letzten Illusionen der ehemaligen Love-and-Peace-Propheten. Auch alle Sehnsuchtshysterie bezüglich einer Beatles-Reunion, die auf den »Erdbeerfeldern der Phantasie« noch in den 1970er Jahren wild wuchern konnte, war brutal beendet worden. Die besondere Tragik von John Lennons Ermordung liegt darin, dass sich bei dem Ex-Beatle nach langen Jahren des Schweigens gerade erst ein neuer Kreativitätsschub angekündigt hatte. Auch kann sein Tod nicht als eine Konsequenz eines selbstzerstörerischen Lebenswandels interpretiert werden – wie etwa bei Jimi Hendrix, Janis Joplin oder Jim Morrison. Lennon hatte längst dem riskanten Rock-'n'-Roll-Leben abgeschworen. Stattdessen hatte er in den Jahren zuvor als überzeugter Hausmann Küchenarbeit geleistet, war im Kinderzimmer seines 1975 geborenen Sohnes Sean zum bewussten Vater gereift. Einmal mehr funktionierte John Lennon Mitte der 1970er Jahre wie ein soziales Barometer: Als Vorkämpfer der »neuen Männer« stürzte er sich als Macho selbst vom Sockel seines jahrzehntelang gepflegten Chauvinismus. Lennon, der sich zu Beatles-Zeiten gern hinter einer Maske aus aggressivem Witz und Schlagfertigkeit verschanzte, gestand jetzt seine Verletzlichkeit und Verwundbarkeit offensiv ein.

Beispielhaft dafür ist sein Song ›Working Class Hero‹. Oft als billige Arbeiter-Attitüde abgetan und als Gratismut zum Proletariats-Pop geschmäht, ist diese poetische Abrechnung mit dem englischen Klassensystem ein ironischer Selbstkommentar: Sarkasmus statt Narzissmus. Faszinierend bleibt die analytische Schärfe, mit der Lennon hier die soziale Konditionierung des einzelnen durchschaut: Von Kindesbeinen an einer subtilen Gehirnwäsche unterzogen, entwickelt sich der Heranwachsende fast zwangsläufig zum angepassten Mitläufer: »Keep you doped with religion and sex and T.V. / And you think you're so clever und classless and free. / But you're still fucking peasants as far as I can see.« Natürlich finden sich viele autobiographische Züge in dem Song: Lennon erinnert sich an die eigene Schulzeit, in der seine Talente durch die Konformitätsansprüche der Lehrer unterdrückt wurden: Sie wollen, dass du dich klein fühlst, wenn du clever wirkst, hassen sie dich. Lennon adressiert dabei seinen Text an anonyme »sie« (they, them) – gemeint sind die Vertreter der herrschenden Klasse. Denn er ist überzeugt: »Das Klassensystem hat sich nicht im geringsten geändert. Nichts hat sich geändert, außer vielleicht unsere Klamotten, ansonsten haben die alten Schweinehunde noch immer die Fäden in der Hand.« Er fordert keine radikale Revolution, sondern hat erkannt, dass eine Veränderung der Gesellschaft im ganzen ihren Anfang in der Veränderung des einzelnen nehmen muss. Zugleich ist ihm klar, dass diese individuelle Transformation ohne eine Veränderung der gesellschaftlichen Rahmenbedingungen auch nicht funktionieren kann.

Obwohl Lennon verzweifelt versucht, diesen Konflikt zu überwinden, lautet sein fast zynisches Resümee am Ende des Songs: »A working class hero is something to be, if you want to be a hero, well just follow me.« Letztlich singt er sich also mit morbider Faszination am eigenen Scheitern durch den Text. Was aufrührerisch klingt, ist immer schon von Desillusionierung durchdrungen. Dazu trägt auch die kalkulierte, gleichwohl hypnotische Monotonie der Gitarrenbegleitung – ein Pendeln zwischen a-Moll und G-Dur – des aus zwei Takes zusammengesetzten Stücks bei. Sein gesellschaftlicher Sieg – als Beatle und als »St. John« gilt er als Prototyp des »winner« – entpuppt sich in Wahrheit als Pyrrhus-Sieg: All das Geld und der Ruhm sind mit Rastlosigkeit und Identitätskrisen zu teuer erkauft. Zehn Jahre später wird John diesen Gedanken in seinem Lied ›Watching The Wheels‹ wieder aufnehmen und positiv in einen Aufruf zu mehr Muße und Kontemplation, zur Reduktion von Lebensgeschwindigkeit und einem Ausstieg aus dem »rat race« wenden. Am allerwenigsten taugt dieser bittere, hellsichtige »Working Class Hero« also – wie allzu oft missverstanden – zur Selbst-Glorifizierung Lennons.

Die inzwischen gewachsene Kluft zu seinem langjährigen Freund Paul McCartney mag sich letztlich aus der Gegensätzlichkeit beider Charaktere erklären. McCartney hat dies mit folgender Anekdote demonstriert: »John wollte schon immer von der Klippe springen. Er sagte mal zu mir: ›Hast du je daran gedacht, zu springen?‹ Ich entgegnete: ›Quatsch! Du springst und sagst mir, wie das ist.‹ Das war im Grunde der Unterschied zwischen uns.«

Sogar noch gegen einen solchen Vergleich mit seinem alten Songwriter-Kumpel rebellierte Lennon, nachdem sich das Liverpooler Quartett 1970 zerstritten hatte. In dem Song ›God‹, dem vielleicht eindringlichsten seiner

Post-Beatles-Lieder, fordert Lennon die Freiheit eines sich ausschließlich selbst genügenden Individualismus. Der Schlüssel-Song ist eine einzige hämmernde Abrechnung mit Verführern und Vorbildern, mit Göttern, Gurus und falschen Propheten: Eine erste Demo-Aufnahme nur mit akustischer Gitarre entstand Ende Juni 1970, als er sich in Arthur Janovs kalifornischem Primal Scream Institute aufhielt. Zweieinhalb Monate zuvor hatte er durch einen Telefonanruf von McCartneys Ausstieg bei den Beatles erfahren. Lennon spürte intuitiv, dass er sich mit einer radikalen Geste von den Fesseln der Vergangenheit befreien musste, wollte er offen werden für ein zukünftiges Zusammenleben mit Yoko Ono. Und er beginnt seine Selbstbetrachtung mit der suggestiven Zeile: »God is a concept by which we measure our pain.«

Wir können uns Gott nur von unserem Standpunkt des Menschseins aus vorstellen. Er übernimmt im irdischen Jammertal die Funktion eines Gradmessers unserer Befindlichkeit. Nach dieser Grundthese des Songs – Lennon singt sie zweimal – setzt über hypnotischer Pendelharmonik von a-Moll und F-Dur eine Litanei ein, in deren Verlauf Lennon all die falschen Idole benennt, von denen er sich bis dato Erlösung versprochen hatte. Jede Zurückweisung eines »alten Gotts« leitet Lennon mit der Deklaration ein: »I don't believe in [...]«. Er beginnt mit Magie, es folgen das chinesische Buch der Weisheit *I Ching*, die Bibel, Tarot-Karten, bevor er provozierend den »Führer« par excellence, »Hitler« als Götzen zitiert. Auf ihn lässt er beinahe blasphemisch »Jesus« folgen, dann Kennedy, Buddha, indische Meditations-Mittel wie »Mantra«, »Gita« und »Yoga«, bevor er sich demonstrativ von »Königen« distanziert, und das sind Elvis und Zimmerman (also Bob Dylan).

Und dann, für alle schockierend, folgt Lennons Geständnis: »I don't believe in Beatles«. Wohl wissend, dass er damit nicht nur seine alten Freunde und Bandkollegen, sondern die Fans in aller Welt vor den Kopf stößt, kappt er hier bewusst die spirituelle Verbindung zu seinem bisherigen Leben, zu seiner Star-Existenz. Es folgt eine dramatische Pause, bevor er sich in der Erkenntnis beruhigt: »I just believe in me, Yoko and me.« Es ist der Sieg des individuellen Egos über all die Ersatzväter und großartigen Ersatznamen, die sich Lennons Einbildungskraft in der Vergangenheit geschaffen hatte. Es folgt die beschwörende, zugleich ernüchternde Coda mit der Einsicht: »The dream is over«, und Lennon zieht in diesem pentatonischen Schlussteil die befreiende Bilanz: »Yesterday, I was the dreamweaver, but now I'm reborn. I was the walrus, but now I'm John.« Seine Anspielung auf »I'm the walrus«, der beiläufige Verweis auf McCartneys ›Yesterday‹ zeigt: Lennon zieht hier eine Art Summe der Beatles-Botschaften.

Mit dem ausgeträumten Traum meint er die hochfliegenden Illusionen der 1960er Jahre, all die kleinen Weltfluchten und großen Realitäts-Surrogate. Nicht zuletzt rechnet er hier mit jener hypertrophen Stilisierung ab, die die Beatles zu Ersatzgöttern machte. Beispielhaft sei hier die Auffassung von Timothy Leary genannt: Für ihn waren die Beatles »Mutanten, Prototypen evolutionärer Agenten – von Gott gesandt, ausgestattet mit einer geheimnisvollen Kraft, um eine neue menschliche Spezies zu schaffen, eine junge Rasse lachender Bürger. Sie sind die weisesten, heiligsten und wirksamsten Avatare, die die menschliche Rasse je hervorgebracht hat.« Kein Wunder, dass viele Hippies den Beatles lauschten, als handele es sich bei ihren Äußerungen um Orakel. Ihre Songs wurden wie Prophezeiungen gehört, die immer neue Botschaften freigaben, wenn man nur tief genug in sie hineintauchte. (Einer dieser wahnsinnigen Sinnsucher war unglücklicherweise Charles Manson.) Der Traum vom schrankenlosen Hedonismus, von einer gutgläubigen Gruppenidylle war 1970 für John Lennon also längst ausgeträumt.

Die »goldenen Sechziger«, wie sie rückblickend wegen ihrer wirtschaftlichen, technologischen und kulturellen Aufbruchsstimmung erscheinen, hatten sich für den sensiblen Lennon längst als Zwangsjacke herausgestellt. In einem Interview mit dem *Rolling Stone* äußerte er 1970 lakonisch: »Alle zogen sich schick an, und nichts änderte sich.« Der komfortable Männerbund der Beatles verkörpere jetzt für ihn nur noch die hilflosen Tagträume einer Mittelklasse, die man sich aufgrund eines nie zuvor dagewesenen Wohlstands leisten konnte. Bewusstseinserweiternde Drogen hätten für kurze Zeit die Illusion erzeugt, der Traum werde ewig währen. Und die Beatles hätten sich in ihrer kreativen Wut mitschuldig gemacht an dieser Vernebelung der Realitäten.

Anfang der 1970er Jahre war John Lennon noch von einer phantasievollen Angriffslust beseelt. Gerade erst war er mit der japanischen Konzeptkünstlerin Yoko Ono nach New York gezogen, um sich dort neu zu erfinden und den schweren Ballast als Ex-Beatle leichter abwerfen zu können. Aktiviert von den Avantgardebewegungen jener Jahre, infiziert von der radikalen Linken und der Protestbewegung gegen den Vietnamkrieg, wollte Lennon endgültig den banalen Rock 'n' Roll in eine selbstbestimmte Kunstpraxis retten. Seine Liebe zu Yoko hatte er längst in den Status einer neuen Privatreligion erhoben. Kein Wunder, dass er seine Ehe öffentlich als politisches Bekenntnis inszenierte. Für ihn gab es keine bessere Art, für den Frieden zu demonstrieren, als mit seiner Geliebten im Bett zu liegen: »Es geht dabei um Reklame oder Verkaufsstrategie. Und wenn das so rüberkommt, ist es genauso, als ob man die Lebensbedingungen, die Arbeitsbedingungen oder den Zustand der Welt anprangern würde.« Bei allem Exhibitionismus seiner legendären »Bed-Ins« und allem aggressiven Witz seiner Happenings hat John Lennon stets dem heilenden Einfluss von Gefühl, Leidenschaft und Aufrichtigkeit vertraut. Vielleicht gehörte es zu seinen größten Illusionen, zu glauben, er könne die Welt dadurch verändern, dass er sich selbst änderte. In dieser Perspektive erscheint rückblickend die gegenkulturelle Revolte der späten 1960er Jahre wie ein »letztes Aufstöhnen der westlichen Seele« gegen eine sich immer egoistischer entwickelnde Gesellschaft.

John Lennons Mörder war ein Kind der Nach-Achtundsechziger-Zeit. Jahrgang 1955, hatte er zwar den rebellischen Impuls der unruhigen Dekade, nicht aber ihre Werte übernommen. Schon als Kind ein Fan von fliegenden Untertassen und von den Beatles, rannte er mehrmals von zu Hause weg, arbeitete als Sozialhelfer in einem Kinderheim, wurde geradezu fanatisch fromm, ließ sich zum Werkschützer ausbilden, arbeitete als Pfleger in einem Krankenhaus auf Hawaii, unternahm einen Selbstmordversuch und heiratete 1979 die Japanerin Gloria Abe. Deutet sich hier schon eine Nachahmung seines Idols Lennon an, so wurde der Ex-Beatle in den darauffolgenden Monaten zu einer Obsession.

Viel ist in den letzten fünfundzwanzig Jahren über die Motive des Lennon-Attentäters spekuliert worden. Wüste Verschwörungstheorien machten die Runde: Chapman sollte etwa nur ein Handlanger der CIA gewesen sein, die Lennons Ermordung wegen seiner radikalen Einstellung und seines Einflusses von langer Hand geplant hätte. Ein anderes Mal sollte die Mafia dahinterstecken, die in ihrem Kontrollwahn das amerikanische Musikgeschäft von einem ausgebrannten Rockstar befreien wollte. Fernab solcher Phantasterei hat sich heute die Auffassung durchgesetzt, dass hier den Mord ein vom Leben enttäuschter Einzelgänger begangen hat. Mark Chapman wollte durch eine in seinen Augen »heroische Tat«, die ihn unauflöslich mit der Geschichte seines Idols verband, ebenfalls unsterblich werden und so den Niederungen seiner Versagensängste entfliehen. Hier hatte jemand die beiden typisch amerikanischen Obsessionen »Gewalt« und »Berühmtheit« aus pathologischem Geltungsdrang miteinander verschmolzen. Der Psychiater Robert Marvit, der den Attentäter untersucht hat, erklärte: »Irgendwann muss Chapman die für ihn schreckliche Erkenntnis überkommen haben: Lieber Gott, ich bin John Lennon, aber es gibt ja zwei von uns. Ich muss das auf einen reduzieren.« Immer wieder erklärte Chapman später: »Ich wollte nicht sein Autogramm, ich wollte sein Leben – und ich bekam beides.«

Lennons Leben war die unendliche Suche nach der ultimativen Inspirationsquelle. In Yoko Ono glaubte er diese Quelle endlich gefunden zu haben. Sie sollte ihm in den 1970er Jahren beim Übergang von der Unterhaltung zur

Kunst helfen. Doch bei all dem gemeinsamen Aktionismus, hastig produzierten Songs wie ›Give Peace a Chance‹, ›Instant Karma‹ oder ›Cold Turkey‹, hektisch organisierten Konzerten der »Plastic Ono Band«, Friedensaktionen, Kunstausstellungen und einer Reihe unsäglicher Experimentalfilme schien sich John Lennon in der Feier seiner vermeintlichen Wiedergeburt zu verlieren. Zwar gelang es ihm nach einer viermonatigen »Urschrei«-Therapie bei Arthur Janov, sein Debüt-Album mit der »Plastic Ono Band« 1970 zu einem kathartischen Kunstwerk zu machen: Selten hat sich jemand so bedingungslos seine Zweifel, Ängste und Traumata von der Seele gesungen. Doch von wenigen Liedern abgesehen erreichte er als Musiker und Songwriter nie mehr den Qualitätsstandard, den er in der Partnerschaft mit Paul McCartney gesetzt hatte.

Erst die produktiven Reibungen zwischen dem brillanten Melodiker McCartney, der mit einer einfachen Melodie eine emotionale Geschichte erzählen kann, und dem an sich expressiveren Songschreiber Lennon ließen legendäre Lieder wie ›Lucy in the Sky with Diamonds‹ oder ›A Day in the Life‹ entstehen. Solange das Gruppenbewusstsein der Beatles funktionierte und sie mit ihren psychischen Antennen die neuen Strömungen des Zeitgeists empfingen, so lange bestand auch zwischen Lennon und McCartney eine freundschaftliche Konkurrenz. Nicht selten wirkte dabei McCartneys Mainstream-Charme auf Lennons anarchischen Sarkasmus als wohltuendes Korrektiv. Als diese Ergänzung nach der Trennung der Beatles ausfiel, konnte auch Lennon das Feuer in seinen Songs nicht mehr so einfach entfachen.

Als brillante Ausnahme gilt – neben dem selbstanalytischen ›Jealous Guy‹ – sein tröstliches ›Imagine‹. Ende 1999 wurde Lennons Humanismus-Hymne als bester Text eines englischen Popsongs ausgezeichnet. Mit Sicherheit ist es Lennons bis heute populärstes Lied. Es war seine sanfte Abrechnung mit jeder Form von Scheinheiligkeit in der Gesellschaft: mit jeder Form von Nationalismus (»imagine there's no countries«), mit falschem Patriotismus (»nothing to kill or die for«), mit dem Kapitalismus (»imagine no possessions«), mit sozialer Ungleichheit (»no need for greed and hunger«), mit religiösen Verheißungen (»imagine there's no heaven«) und dem Glauben an ein besseres Leben nach dem Tod (»living for today«).

Dieses Lied demonstriert wie kein zweites, dass Lennons soziale Haltung, die er als einer der ersten Popstars kultivierte, nicht auf ideologischer Starrheit beruhte. Hatte er auf dem Vorgänger-Album *John Lennon / Plastic Ono Band* noch resignativ behauptet: »The dream is over« (1970), so annonciert dieser Song einen neuen grenzenlosen Traum – und Lennon lädt alle ein, ihn mit ihm zu teilen. Wenn wir eine positive Zukunft wollen, dann sollten wir unsere mentalen Energien darauf konzentrieren, sie uns auszumalen. Genau wie Yoko Ono glaubt Lennon jetzt daran, dass Tagträume von ersehnten Ereignissen diese wahrscheinlicher machen können. Dabei fällt auf, dass explizite politische Programme in diesen Träumen völlig fehlen. Ja, es scheinen Welten zwischen Zeilen wie »You say you want a revolution / you better get it on right away« (1968) und »Nothing to kill and die for [...] Imagine all the people / Living life in peace« (1971) zu liegen. Die sich hier andeutende Kluft sollte Lennons Weltauffassung in den kommenden Monaten bestimmen: Auf der einen Seite steht die Überzeugung, tatsächlicher gesellschaftlicher Wandel lässt sich nur durch gewalttätigen Aktionismus erreichen, auf der anderen Seite die Sehnsucht nach Zurückgezogenheit und Träumen. Er trat jetzt in seine Lebensphase eines ambivalenten »Zen-Marxisten« ein.

Musikalische Befreiung versprach sich John von einem gemeinsamen Konzert mit Frank Zappa und seiner Pop-Polit-Kabarett-Truppe Mothers Of Invention im Sommer 1971 im New Yorker »Fillmore East« – der Auftritt endete in einer kollektiven Schrei- und Feedback-Orgie. Ein edierter und neu abgemischter Mitschnitt dieses denkwürdigen Konzerts erschien im Juni 1972 auf dem Doppelalbum *Some Time In New York City*: ein zorniges hochpolitisches Manifest, das, aufgemacht wie eine Zeitungsseite, als eine Art »journalistisches Tagebuch der Revolte« all die Benefiz- und Protestaktivitäten von Lennon/Ono des Vorjahres musikalisch bündelte.

Im Oktober 1973 trennten sich die beiden nach viereinhalbjähriger Ehe. Sie hatten erst im April ein luxuriöses Appartement im Dakota Building an der 72. Straße in New York bezogen, mit sanftem Ausblick auf den Central Park.

Was später als »lost weekend« in die Popgeschichte eingehen sollte, nahm seinen Lauf. Lennon übersiedelte mit seiner Freundin May Pang nach Los Angeles und verfiel schon nach kurzer Zeit mit neuentdeckten »drinks & drugs« in seinen alten aggressiven Macho-Stil, wie er ihn zuletzt in seiner Liverpooler Jugend gepflegt hatte. Mit Phil Spector werkelte er jetzt an dem lang geplanten *Rock-'n'-Roll*-Album mit Adoleszenz-Hymnen wie Gene Vincents ›Be-Bop-A-Lula‹ oder ›Peggy Sue‹ von Buddy Holly. Erst 1997 erinnerte sich Paul McCartney in einem Interview daran, dass er während dieser Zeit zum ersten und letzten Mal nach der Beatles-Trennung mit John Lennon gemeinsam im Aufnahmestudio war. Am 28. März 1974 trafen sich die beiden zufällig im »Burbank«-Studio, Los Angeles, wo Lennon mit Stevie Wonder (E-Piano), Jesse Ed Davis (Gitarre), Ed Freeman (Bass) und Bobby Keys (Saxophon) an Harry Nilssons Album *Pussy Cat* arbeitete. Nach einer frostigen Begrüßung entwickelte sich eine knapp halbstündige Jam-Session, in deren Verlauf McCartney am Schlagzeug und mit Backgroundgesang Lennons wüste Vokal-Interpretationen von Rock-Krachern wie ›Lucille‹ oder ›Stand By Me‹ unterstützte. Lennon – offenkundig auf einer harten Droge – malträtierte nebenbei die Leadgitarre.

Nach dieser fünfzehn Monate dauernden wilden Party-Zeit, nach diesem letzten verzweifelten Versuch des Ausbruchs aus bürgerlicher Normalität kehrte John im Januar 1975 reumütig zu Yoko Ono nach New York zurück. Als dann im Oktober ihr Sohn Sean geboren wurde, entzog John Lennon sich für fünf Jahre fast vollständig der Öffentlichkeit. Er kochte jetzt das Essen für die Familie und wechselte seinem Sohn die Windeln. Als der erste prominente Hausmann war er trotz scheinbarer persönlicher künstlerischer Lähmung seiner Zeit wieder einmal eine Nasenlänge voraus. Erst 1980 meldete er sich mit dem Album *Double Fantasy* (1980) als Popmusiker zurück. In dem Song ›Beautiful Boy‹ bringt er in zwei Zeilen seine neue Gelassenheit auf den Punkt: »Leben ist, was dir geschieht, während du damit beschäftigt bist, andere Pläne zu machen.«

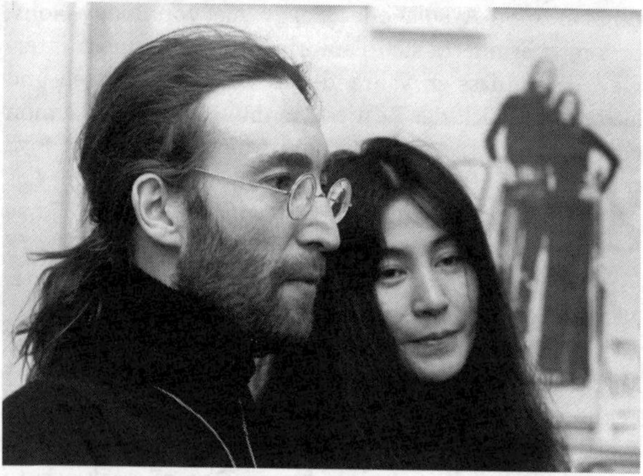

John Lennon mit der Liebe seines Lebens: Yoko Ono

Dass Lennon mittlerweile seinen Frieden gefunden hatte – selbst mit Paul McCartney und den beiden anderen Ex-Beatles bahnte sich eine Versöhnung an –, dokumentiert vor allem ein Lied. Es findet sich auf Lennons letztem Album. Er antwortet darin all jenen Skeptikern, die einfach nicht glauben konnten, dass John Lennon, der talentierteste Rockmusiker seiner Generation, glücklich damit war, Brot zu backen und aus dem Fenster zu schauen. ›Watching the Wheels‹ ist zum einen schonungslose Introspektion, zum anderen eine Absage an frühere Verlockungen: »Diese Räder sind in erster Linie mein ›Getriebe‹. Es gibt nichts Schwereres, als sich mit sich selbst auseinanderzusetzen. Es ist leichter, ›Revolution‹ und ›Power to the People‹ zu schreien, als sich mit sich selbst zu befassen und herausfinden zu wollen, was in einem drin ist und was nicht, wenn man sich Sand in die Augen streut.«

Anlässlich von Lennons 30. Todestag brachte Yoko Ono im Dezember 2010 unter dem Motto »Stripped Down« einen völlig entschlackten Remix von *Double Fantasy* auf den Markt, der einem jetzt die Stimme von Lennon förmlich unter die Haut kriechen lässt. Einen medialen Coup hatte Yoko Ono schon 1988 gelandet. Unter dem Titel »The Lost Lennon Tapes« startete sie eine mehrmonatige Serie bei der kommerziellen Radio-Station »Westwood One« – die wöchentliche Sendung präsentierte unveröffentlichtes Material (Musik und Interviews) aus ihrem Lennon-Archiv. Zunächst sollte von dem Beatles-Historiker Mark Lewisohn ein »Best Of«-Album aus diesem raren Material zusammengestellt werden. Nach Erscheinen der drei *Beatles Anthology*-Doppel-CDs – die durch den Erfolg der 1994er Veröffentlichung *Live At The BBC* angeregt waren – wurde die Idee zunächst fallengelassen und in veränderter Form in der *John Lennon-Anthology* (1998) wieder aufgenommen. Obwohl schon viele der hier von Ono versammelten Live- und Demo-Versionen auf Bootlegs in Sammlerkreisen kursierten, wurde die 4-CD-Box als angemessenes Resümee von Lennons Solo-Arbeiten enthusiastisch aufgenommen. Erst im Jahr 2004 erschien dann mit *John Lennon Acoustic* ein lieblos zusammengestoppeltes Album in teilweise miserabler Qualität, aber mit Texten und Griffbrett-Akkorden. Die Demo-Aufnahmen Lennons an der akustischen Gitarre sollten vor allem junge Nachwuchsgitarristen inspirieren. Die Wiederveröffentlichungen (remastered and remixed) von Lennons Solo-Alben im neuen Jahrtausend brachten nur wenig Neues, ebenso wie die Compilation *The U.S. vs. John Lennon* (2006) anlässlich des gleichnamigen Films von David Leaf und John Scheinfeld. Diese Nachlasspolitik entspricht ganz dem Selbstverständnis Yoko Onos als erster Managerin der »Lennon-Industrie«. Aller Kritik an ihrer wenig inspirierten Vermächtnis-Verwaltung begegnet sie mit dem lapidaren Satz: »Ich muss sein Werk vor dem Vergessen schützen, nur so kann ich es machen.«

Seine Lieder sind Lennons Vermächtnis. Sie konservieren seine Integrität – auch in Bezug auf die eigenen Schwächen, Fehler und Hoffnungen. John Lennon war kein Heiliger, kein uneingeschränkt liebenswerter Mensch. Doch hat er sich stets zu seinen schwierigen Seiten bekannt und dieses Bekenntnis zu Kunst gesteigert. Vielleicht aber lag seine eigentliche Leistung darin, Menschen dazu zu bringen, sich selbst schonungslos im Spiegel zu betrachten.

Dazu war auch Paul McCartney nach dem Ende der Beatles gezwungen. Denn schnell wurde klar, dass er den introvertierten John Lennon dringender brauchte als der ihn. Zudem musste der in den Augen der Öffentlichkeit »bessere Musiker« den Kopf für den finalen Abschied der ›Fab Four‹ hinhalten. Obwohl McCartney die Trennung der Band offiziell bekanntgab, hatte John Lennon schon Monate vorher kategorisch erklärt: »Ich steige aus!« Doch der Zorn der Millionen Beatles-Fans richtete sich vor allem gegen Paul, den Überbringer der schlechten Nachricht. Rückblickend erscheint McCartney die folgenschwere Auflösung des verschworenen Männerbundes in einem eher milden Licht, als unausweichliche Konsequenz unterschiedlicher Entwicklungen der einstigen Jugendfreunde:

»Ich wollte dieses, und John wollte jenes. George war weg. Außerdem hatten wir Familien. Einer der Songs, die wir alle sehr mochten, war ›Wedding Bells‹. Die Hochzeitsglocken brachten unsere alte Gang tatsächlich auseinander, und so gaben wir den Kumpels den Abschiedskuss, wie um zu heiraten und normale Menschen zu werden. So war das mit uns. Wir alle wussten, dass dieser Tag kommen musste.«

Paul McCartneys Karriere lässt sich bis heute in drei Phasen gliedern: Da war die nie wieder erreichte Perfektion der Beatles-Ära; die eher halbherzigen Versuche, mit seinem Nachfolgeprojekt »Wings« während der Siebziger an die einstige Meisterschaft anzuknüpfen; und die Zeit der Soloprojekte seit Anfang der 1980er Jahre. Nach der Trennung der Beatles schwor Paul dem Rock-'n'-Roll-Leben ab und entschied sich stattdessen für ein ruhiges Familienleben. Seine Frau, die US-amerikanische Fotografin Linda McCartney, mit der Paul bis zu ihrem Krebstod neunundzwanzig Jahre lang verheiratet war, kreierte fleischlose Hamburger und veröffentlichte ihre Vollkornrezepte in einem Bestseller-Buch. Auch ihr Mann entdeckte seine ökologischen Leidenschaften: Aus Paul McCartney wurde Sir Paul, Aktivist für die Rechte der Tiere und Pflanzen. Kein Wunder, dass er bald als »Gutmensch aus Liverpool« geschmäht wurde, zumal er seit den 1970er Jahren auf kaum einem Benefizkonzert fehlte. Sir Paul McCartney lebt noch heute jedes Jahr für mehrere Monate in seiner Heimatstadt. Längst hat er seinen Frieden mit der einst rauhen Hafenmetropole gemacht und unterstützt die Stadt seit Jahren bei größeren Bauvorhaben großzügig als Mäzen und engagiert sich mit diversen Projekten in der städtischen Jugendarbeit. Sein »Institut for Performing Arts« (LIPA), das angehende Musiker ebenso ausbildet wie bildende Künstler, ist nur ein sichtbares Zeichen seines kommunalen Engagements.

Dabei waren die ersten Jahre nach der Trennung der Beatles musikalisch für ihn eine Tortur. Da John Lennon jetzt als Reibungsfläche fehlte, gelangen McCartney zunächst nur nette Liedchen, weitgehend ohne Pfiff und Charme. Dass sein damals zunächst belächeltes zweites Album *Ram* (1971) – nach dem Debüt *McCartney* (1970) mit dem einzig überzeugenden Song ›Maybe I'm Amazed‹ – inzwischen den »test of time« locker bestanden hat, dokumentierte nicht allein seine opulente Wiederveröffentlichung im Jahr 2012. Seine verspielte Mini-Rockoper »Uncle Albert / Admiral Hasey« erinnert mit der »Old-Time-Britannia«-Orchestrierung durch George Martin nicht zuletzt an die raffinierte Opulenz des *Yellow Submarine*-Soundtracks. Die zwölf verschiedenen Szenen von ›Uncle Albert‹, die dichte »regnerische« Atmosphäre des Beginns, die Welle tonaler Effekte von Waldhörnern über Telefonstimmen bis Möwengeschrei im Mittelteil und der spätere Ohrwurm-Chorus ›Hands across the water, hands across the sky‹ – all das ist eine liebenswürdige Erinnerung an die mittlere Phase der Beatles mit ihren Barock-Phantasien und Ausflügen ins Surreale. Auch die im April 1977 unter dem Titel »Thrillington« veröffentlichte Instrumentalversion von *Ram* durch das Jazz-Orchester der Phantasiefigur Percy ›Thrills‹ Thrillington (dahinter verbarg sich der Produzent und Arrangeur Richard Hewson) dokumentiert, welches melodieselige Potential das Album besitzt.

Für Aufsehen sorgte McCartney auch im darauffolgenden Jahr mit seiner ersten Wings-Single ›Give Ireland Back To The Irish‹, in der er sich mit dem gewalttätigen »Bloody Sunday« in Derry auseinandersetzte und die prompt bei der BBC auf dem Index landete. Gleichwohl war die erste Tour der Wings für die Fan-Gemeinde der Fab Four die willkommene Gelegenheit, einen Ex-Beatle endlich wieder bei der Arbeit zu erleben. 1973 veröffentlichten die Wings mit ›Band On The Run‹ einen weiteren Erfolgstitel, der in seiner bezwingenden Harmonik an die alten Überraschungsqualitäten der Beatles anknüpfte. Die kleine Rockoper, aufgenommen im nigerianischen Lagos, besitzt spätestens mit den Befreiungsschlägen der akustischen Gitarre vor der dritten Strophe ihren magischen Moment: »Well, the rain exploded with a mighty crash as we fell into the sun / And the first one said to the second one there I hope you're having fun / Band on the run, band on the run.« McCartneys stimmlicher Überschwang signalisiert hier seine nostalgische Sehnsucht nach alten Weggefährten, die im Auge eines Hurrikans zusammenhalten könnten. Tempi passati!

Doch McCartney blieb ein brillanter Komponist. Auch ›Live And Let Die‹ (das Jahre später von den Metal-Matadoren Guns N' Roses brachial gecovert wurde) aus dem gleichnamigen James-Bond-Film mit Roger Moore besaß magisches Hit-Potential. Zu McCartneys größtem Erfolg in Europa aber geriet die sehnsüchtige Hommage ›Mull Of Kintyre‹, die einer Halbinsel im Südwesten Schottlands galt. Paul besaß ganz in der Nähe seit 1966 die High-Park-Farm und hatte seine Liebe zu traditionellen Dudelsacksounds entdeckt. Die Hommage an die geliebte Farm mit ihren von der See hereinwehenden Nebelschwaden im Format eines akustischen Dudelsackwalzers entpuppte sich als perfektes vorweihnachtliches Kontrastprogramm zur aufbrechenden Punk-Bewegung in Großbritannien. Ausgerechnet im November 1977, als die Single ›Mull Of Kintyre‹ erschien, forderte Joe Strummer von The Clash lauthals: »No Elvis, Beatles, or Rolling Stones in 1977!«

Nicht allein die ständigen Besetzungswechsel der Wings, vor allem auch der entmutigende Vergleich mit den Beatles schien die Kreativität von McCartneys Herzensband jedoch zunehmend zu lähmen. Vielleicht war es auch keine glückliche Entscheidung, Linda McCartney, die lange als ziemlich unmusikalisch galt und weder richtig singen noch spielen konnte, in die Band aufzunehmen, denn dies war wohl vor allem ein Liebesdienst von Paul an seiner Frau. Auf den Phantomschmerz, den seine Lieder der 1970er Jahre bei den Beatles-Fans immer wieder auslösten, reagierte McCartney mit Verve und Witz im Reim-Stil eines Muhammad Ali:

»The Beatles split in sixty-nine / And since then they've been doin' fine. / And if that question doesn't seize / ain't no one gonna get no peace. / And if you ask it just once more / I think I'm gonna break your jaw.«

Das Ende der Wings kam im Januar 1980, und in den folgenden neun Jahren sollte McCartney nicht mehr live auf der Bühne stehen. Ein Welthit gelang ihm gleichwohl 1982 mit ›Ebony And Ivory‹ von seinem Album *Tug Of War* – einem beseelten Duett mit Stevie Wonder. Die alte Spielleidenschaft kehrte erst im folgenden Jahrzehnt zurück, und Paul unternahm zahlreiche umjubelte Welttourneen. Die Plattenveröffentlichungen der 1980er und

1990er Jahre zeigen nicht zuletzt deshalb einen »klassischen McCartney« voll von melodischem Ingenium, weil er sich erneut mit dem »fünften Beatle«, dem Produzenten George Martin, zusammentat. Privat genoss er mit seiner Linda die Wonnen des Landlebens, stellte sich den Herausforderungen als mehrfacher Vater und zugleich den Verpflichtungen als »einer der berühmtesten Menschen des Erdballs«. Er engagierte sich im Tierschutz und bekannte sich zum Vegetarismus.

McCartney schien also seinen Frieden mit sich gemacht zu haben. Dies dokumentierte sich nicht zuletzt 1981 auf der George-Harrison-Single ›All Those Years Ago‹. Der Ex-Beatles-Gitarrist hatte nicht nur Ringo, sondern auch Paul mit Linda in sein Studio auf dem Landsitz Friar Park eingeladen, um mit ihnen in dem Song sein zeitlebens schwieriges Verhältnis zu John Lennon aufzuarbeiten. Ganz wie es seiner Hassliebe zu Lennon entsprach, erinnerte er sich der immanenten Wahrheit von Lennon-Liedern wie ›All You Need Is Love‹ und ›Imagine‹, um sich gleichzeitig einzugestehen, dass Lennon die Menschen nicht nur zum Lachen, sondern auch zum Weinen bringen konnte. Das Gebet, das Harrison seinem verstorbenen Freund in diesen Textzeilen schickt, wurde von Ringos Schlagzeug und Pauls Backgroundgesang untermalt. Es war damit das erste Mal seit der Starr-Produktion des Songs ›I'm the Greatest‹ – einer Cassius-Clay-Paraphrase – aus dem Jahr 1973 in Los Angeles, dass zumindest drei Beatles im Studio wieder vereint waren.

1982 begann McCartney eine fast freundschaftliche Beziehung zu dem aufstrebenden Michael Jackson, der schon auf seinem 1979er Album *Off The Wall* die McCartney-

Komposition ›Girlfriend‹ gecovert hatte und vor allem auf dem epochalen *Thriller*-Album – mit mehr als 140 Millionen verkauften Exemplaren die weltweit meistverkaufte Platte der Tonträgergeschichte – mit Paul im Duett den gemeinsam geschriebenen Song ›The Girl is Mine‹ sang. Die idealisierte »big brother / little brother«-Freundschaft bekam Risse, als Jackson 1985 Paul in einer Nacht-und-Nebel-Aktion für 48 Millionen Dollar die Rechte am Lennon-McCartney-Song-Katalog vor der Nase wegkaufte. Später verkaufte Jackson 50 Prozent dieser Publikationsrechte für 95 Millionen Dollar an Sony, wollte aber angeblich kurz vor seinem Tod testamentarisch seine Hälfte an McCartney zurückgeben, weil er darunter litt, dass der Ex-Beatle sich von ihm abgewandt hatte. Nach einem aktualisierten US-Urheberrecht sollen aber die Rechte an Musikstücken, die vor 1976 aufgenommen werden, nach 56 Jahren automatisch an ihre Urheber zurückfallen. Es ist also zu hoffen, dass McCartney noch zu Lebzeiten die Rechte als Co-Autor an seinen eigenen Songs zurückerhält – und das wäre nur recht und billig.

Wie groß Pauls Popularität als »ewiger Beatle« noch immer ist, demonstrierte kurz vor der Jahrtausendwende die Meldung, dass für fünf dunkle Haare aus seinen seligen Pilzkopfzeiten in London eintausendfünfhundert Pfund bezahlt wurden. Über solchen Devotionalienhandel hinaus übte McCartney nachhaltigen Einfluss auf die sogenannte »Britpop«-Szene aus. Bands wie Oasis, Blur oder Travis wären ohne seine musikalischen Vorleistungen kaum denkbar gewesen.

Der Musterschüler des Pop sinnierte in seinen Songs weiter über die Wonnen der Ehe, die Identitätskämpfe beim Erwachsenwerden, über Kinder, Elternschaft, kleine Alltagsfreuden und große Gefühle. Zu letzteren ließ er sich ausgiebig im Jahr 1991 hinreißen, als er zusammen mit dem Komponisten Carl Davis das großorchestrale *Liverpool Oratorio* schrieb. Es blieb – wie auch sein zweites »symphonic poem«, die Auftragskomposition *Standing Stone* (1997) zum hundertsten Geburtstag der Plattenfirma EMI – ein eklektisches Crossover-Produkt, ohne zwingende Logik oder anregende Originalität. Vielen schien es, als ließe sich eine Ikone der Aufbruchsbewegung der Nachkriegsjugend hier als Lockvogel für seichte Klassik einspannen.

Für McCartney war es ein schwerer Schlag, als seine geliebte Frau Linda am 17. April 1998 ihrer Krebserkrankung erlag. Vielleicht hat er es deshalb fast als eine Art Schmerztherapie empfunden, dass er im darauffolgenden Jahr zu seinen Wurzeln zurückkehren konnte: Am 14. Dezember 1999 drängten sich dreihundert Zuschauer im neueröffneten Liverpooler »Cavern Club« und Tausende draußen vor den Videobildschirmen. Hier, wo alles begann, wo die Beatles zusammenwuchsen, trat Paul McCartney mit einer hochkarätigen Band auf, zu der neben dem Pink-Floyd-Gitarristen David Gilmour auch Ian Paice von Deep Purple zählte, um sich noch einmal seiner früheren Merseybeat-Inspirationen in der Mathew-Street zu vergewissern. Und der damals 57jährige rockte los, was das Zeug hielt. Zumal dieser Gig die erste Live-Ausgabe seines im Frühjahr zuvor eingespielten Rock-'n'-Roll-Tribute-Albums *Run Devil Run* darstellte. Seit seiner experimentellen Sound-Skulptur namens »Liverpool Collage« aus dem Jahr 2000 demonstrierte er zudem leichthändig, dass er sein Interesse an aktuellen Musiktrends wie Techno, Dancefloor oder

Electronica nicht eingebüßt hat. Seit Anfang der 1980er Jahre machte sich Sir Paul auch als Maler und Video-Künstler einen Namen: Ähnlich wie seine Sounds bestechende Struktur, seine Noten eine bestimmte Farbigkeit, seine Tracks verschiedene Schichten besitzen, so sind auch seine Bilder subtil in der Tiefe gestaffelt.

McCartneys zweite Ehe mit dem ehemaligen Fotomodell Heather Mills, im Juni 2002 geschlossen, stand unter keinem guten Stern. Nicht nur in der englischen Presse wurden immer wieder verletzende Vergleiche zwischen Heather und der warmherzigen Linda gezogen. Auch der Ex-Beatle schien nie ganz über den Tod seiner ersten Frau hinwegzukommen. Nur so ist es zu erklären, dass seine Arbeit an dem englisch-lateinischen Oratorium *Ecce cor meum* für Chor und Orchester – anlässlich des 550. Geburtstags des berühmten Magdalen College in Oxford komponiert – als musikalisches Manifest seiner Trauerarbeit an der »großen Liebe« verstanden wurde und entsprechend die ohnehin schon kriselnde Ehe mit Mills endgültig zum Einsturz brachte. Am 17. Mai 2006 gaben die beiden ihre Trennung bekannt. Der anschließende ›Rosenkrieg‹ wandelte sich dank der englischen Yellow Press bald zu einer veritablen Schlammschlacht.

Dabei war ihm erst im Jahr zuvor – fünfunddreißig Jahre nach der von ihm verkündeten Auflösung der Beatles – mit *Chaos and Creation in the Backyard* (2005) ein Album gelungen, das in weiten Teilen an die Leichtigkeit und den Tiefgang der ›Fab Four‹-Arbeiten anknüpft, woran der Produzent Nigel Godrich entscheidenden Anteil gehabt haben dürfte. Letzteren schlug George Martin – inzwischen durch einen Gehörschaden gehandicapt – dem Ex-Beatle vor. Godrich war bis dahin vor allem durch seine subtilen Sound-

Landschaften auf vier Alben der Gruppe Radiohead und auf Becks Album *Sea Change* bekannt geworden. Er trieb jedenfalls McCartney wieder an die Gitarre und drängte ihn, auch fast alle anderen Instrumente – neben dem Bass noch Schlagzeug, Klavier, Flügelhorn, Cembalo, Triangel, Gong, Glockenspiel und Moog-Orgel – selbst einzuspielen. Und doch ist das Album kein aufgedonnerter Egotrip geworden, sondern die subtile Zwischenbilanz eines bisweilen wehmütigen Mittsechzigers. ›At the Mercy‹ etwa, mit schönsten Beatles-Harmonien, variiert Pauls berühmte Schlusszeile von ›The End‹ zur traurigen Alternative von »the love I've got and the love I'd lose«. Auch andere Liebeslieder, allen voran die ›Blackbird‹-ähnliche Ballade ›Jenny Wren‹, klingen eher nachdenklich als überschwenglich. Zwar rockt die Eröffnungsnummer ›Fine Line‹ noch mit Fats-Domino-Akkorden auf dem Klavier los, doch spätestens das melancholisch-verträumte und atmosphärisch ungeheuer treffsichere ›English Tea‹ macht klar, dass McCartney inzwischen eine kostbare, altersweise Abgeklärtheit besitzt. Diese Abgeklärtheit klingt auch im vielleicht schönsten Stück ›Too Much Rain‹ an: Zweifel und Trost, Beschwörung und Besänftigung kulminieren in unwiderstehlicher Melodik. Das ganze Album atmet Entspanntheit und zeigt einen gänzlich ungekünstelten, offenherzigen Paul McCartney, der sich – bisweilen genervt und widerwillig – von dem wesentlich jüngeren Godrich zu seinem musikalischen Glück erst zwingen lassen musste.

Auch das Nachfolgealbum *Memory Almost Full* (2007) erfüllte die jetzt erneut hohen Erwartungen: In dem wuchtigen Retro-Rocker ›That Was Me‹ befeuert ihn seine glänzend eingespielte Tourband u.a. mit dem brillanten Leadgitarristen Rusty Anderson zu einem stolzen Rückblick auf sein Leben. In dem beschwörenden ›Vintage Clothes‹ fordert er auf, nicht in der Vergangenheit zu verweilen. Er lässt Erinnerungen an den Hedonismus der Beatles-Phase aufleben und fragt ironisch, wen es damals interessierte, ob »wir wie Jungen oder Mädchen aussehen«. Es fällt dabei auf, dass McCartneys Solo-Alben sich mehr und mehr aus Erinnerungen speisen. Vor allem sein Nostalgie-Album par excellence, *Kisses On The Bottom* (2012), demonstriert, dass Paul inzwischen die Vergangenheit mit der Jetztzeit leichthändig versöhnt. Es enthält überwiegend Stücke, die sein Vater ihm als Kind und Jugendlicher zu Hause oft am Piano vorsang – meistens im Rahmen von Familienfesten oder der am Wochenende obligatorischen Living-Room-Parties: ›It's Only A Paper Moon‹ oder ›Bye Bye Blackbird‹. Paul träumt sich hier, begleitet von hochkarätigen Jazzern wie Diane Krall am Piano, dem Vibraphonisten Mike Mainieri oder Christian McBride am Bass, in die unschuldigen Tage seiner frühen musikalischen Sozialisation zurück. Selbst Eric Clapton hat in McCartneys Eigenkompositionen ›My Valentine‹ – ganz im Stil der Evergreens der Elterngeneration geschrieben – seine inzwischen sanft swingende Gitarre im Spiel.

Und doch verlor McCartney nie den Bezug zur Pop-Gegenwart. Nach seinen Experimenten mit Techno auf *McCartney II* (1980) interessierte er sich in den 1990ern für die Wagnisse von Ambient-Elektronik und spielte unter dem Pseudonym »The Fireman« zwei Alben ein: *Strawberries Oceans Ships Forest* (1993) und *Rushes* (1998) – sein Partner bei diesen psychedelischen Trance-Experimenten war Martin ›Youth‹ Glover, Mitglied der britischen Band Killing Joke, der auch Remix-Versionen von U2 oder Depeche Mode verantwortete. Schon bei der *Liverpool Sound Collage* (2000) – einer Mixtur aus Beatles-Studio-Konversationsfragmenten und elektronischen Grooves – hatte er seine ordnende Hand im Spiel. Erst auf dem Fireman-Album *Electric Arguments* (2008) finden sich wieder konventionelle Song-Strukturen, in denen sich McCartney bisweilen mit der Energie und rohen Gesangsgewalt eines Screamin' Jay Hawkins austobt.

Eine Vielzahl historischer Konzerte bestärkten McCartneys Popularität auch nach der Jahrtausendwende, wie das am 11. Mai 2003 im Colosseum in Rom, vierzehn Tage später auf dem Roten Platz in Moskau, im Jahr 2005 als Opener bei »Live 8« oder 2009 mit drei ausverkauften Konzerten im neuerbauten Citi Field-Stadium, der Nachfolge-Venue des für die Beatles so bedeutsamen Shea Stadium im New Yorker Stadtteil Queens: Der begeisternde DVD-Mitschnitt erschien im darauffolgenden Jahr unter dem Titel ›Good Evening New York City‹. Im September 2011 veröffentlichte McCartney dann – als Folge der Zusammenarbeit mit dem New York City Ballet – seine erste Ballettmusik »Ocean's Kingdom«; unterstützt wurde er dabei von dem dänischen Choreographen Peter Martins. Im darauffolgenden Monat fand Paul McCartney privat sein »drittes Glück«, als er die erfolgreiche amerikanische Geschäftsfrau Nancy Shevell heiratete, mit der er seit November 2007 liiert war.

Zu einem heimatlichen Triumph geriet auch sein Auftritt anlässlich des 60. Thronjubiläums von Queen Elizabeth vor dem Buckingham Palace im Juni 2012, bei dem er betörende Interpretationen von ›Let It Be‹ und ›Live and Let Die‹ zum besten gab. Fehlen durfte Sir Paul natürlich auch nicht bei der Eröffnungszeremonie der Olympischen Spiele im darauffolgenden Monat in London: Er krönte die Eröffnungszeremonie mit Neuauflagen von ›The End‹ und ›Hey Jude‹, wobei das Publikum minutenlang im Mitsingen des Refrains schwelgte.

Von den meisten Beatles-Fans wird Paul heute als legitimer Nachlassverwalter der Fab Four respektiert, wenn auch vielleicht nicht so geliebt oder gar vergöttert wie sein langjähriges Alter Ego John Lennon. In seiner offiziellen Biographie *Many Years From Now*, die er mit Barry Miles 1997 veröffentlicht hatte, finden sich viele Passagen, wo McCartney versucht, sich als den »wahrhaft coolen Beatle«, als den eigentlich »kreativen Kopf« der Fab Four zu rehabilitieren. Schon 1981 hatte er einem Reporter gestanden: »Von einem ganz selbstsüchtigen Standpunkt aus gesehen, muss ich sagen: Könnte ich John Lennon noch einmal zurückholen, müsste ich ihn bitten, die ganze Legende, die er mir hinterlassen hat, zurückzunehmen.« Viele, die ihn genauer kennen, halten Paul für einen manischen Kontrollfreak, der bisweilen auch ein bisschen gefühllos sein kann. Schon der 14jährige Paul soll in der ersten Reaktion auf den Krebstod seiner Mutter nur gesagt haben: »Was sollen wir jetzt ohne ihr Einkommen machen?« Doch wer hinter seinen sanften, treuherzigen Augen Kaltherzigkeit vermutet, tut ihm unrecht: Unzählige Charity- und Benefiz-Veranstaltungen, Spendenaufrufe, großzügige Stiftungen und Unterstützungen etwa gegen Landminen, für Tier- und Umweltschutz belegen das Gegenteil. Von Politikern wird McCartney nicht selten als »one of the earth's best friends« gelobt. Er gilt jedenfalls heute als der am höchsten ausgezeichnete, am meisten besprochene und vielleicht als der bekannteste Popkünstler des Planeten.

Vom beispiellosen Nachruhm der Beatles profitierte auch Ringo Starr, der neben der Filmschauspielerei z. B. »Blindman« (1971), »Son Of Dracula« (1974), Caveman (1981) oder »Give My Regard To Broad Street« (1984) schon früh den Rock 'n' Roll als nicht versiegende Inspirationsquelle entdeckte. Die Kollektion von Kabarett-Standards auf *Sentimental Journey* (1970) konnte sich trotz erstklassiger Arrangeure (Quincy Jones und McCartney) mit den Vorleistungen von Frank Sinatra oder Ella Fitzgerald nicht messen. Allein Hit-Singles wie ›It Don't Come Easy‹ oder ›Photograph‹ machten deutlich, welche Songwriter-Qualitäten noch immer in Ringo schlummerten. Sein Ausflug in die Country & Western-Welt auf dem Album *Beaucoups of Blues* wirkte dagegen wenig überzeugend. Da half nur noch der Rückgriff auf die Rock-'n'-Roll-Wurzeln. Da er als einziger zu den drei anderen Beatles freundschaftliche Beziehungen behielt, halfen ihm die drei beim Songschreiben und bei der Aufnahme von *Ringo* (1973). Das Album vereinigt die Beatles mit ihren Instrumentalbeiträgen zu Ringos Bariton noch einmal, ohne sie real zusammenzubringen. Anfang der 1980er Jahre zog sich der Drummer weitgehend aus der Öffentlichkeit zurück, nicht zuletzt, um zusammen mit seiner zweiten Frau, dem ehemaligen Bond-Girl Barbara Bach, sein langwieriges Alkoholproblem in den Griff zu bekommen. Als er sich 1989 einigermaßen »trocken« fühlte, trieb es Ringo zurück auf die Bühne, und es kam ihm die Idee zur Erfolgsformation

Ring Starr & His All Starr Band. Die erste Ausgabe dieser elfköpfigen Formation liest sich wie das Who's Who der Popmusik: Dr. John, Joe Walsh, Levon Helm von The Band und Rick Danko, Nils Lofgren, Clarence Clemons, Garth Hudson, Ringos Sohn Zak – ebenfalls am Schlagzeug – und der Session-Drummer Jim Keltner. Bis heute ist Ringo mit zwölf verschiedenen Ausgaben seiner All Starr Band unterwegs gewesen. Sein Comeback-Album *Time Takes Time* (1992) wurde ein durchschlagender Erfolg, nicht zuletzt dank des programmatischen Titels ›After All These Years‹, den Ringos Kumpel Johnny Warman beigesteuert hatte. Der Song recycelt das unsterbliche Riff aus Chuck Berrys ›Little Queenie‹ und zeichnet ein plastisches Erinnerungsbild jener »British Invasion«, die ab 1964 die Welt eroberte, und resümiert mit Blick auf das Ende der Beatles: »We didn't have the time to think things over / We had a lot of fun, we had some tears.« Eingeladen in die TV-Musiksendung »Storytellers« von VH1, lieferte Ringo 1998 eine hinreißende Performance seiner größten Hits ab, von ›Octopus's Garden‹ bis ›Back Off Boogaloo‹.

Doch ähnlich wie Paul McCartney scheint auch er seine besten Platten erst nach der Jahrtausendwende produziert zu haben. Als Liverpool im Jahr 2008 zur »Kulturhauptstadt« Europas gekürt wurde und sich nicht nur die Hafengegend um das »Albert Dock« in neuem Glanz präsentierte, trat Starr bei der Eröffnungszeremonie als Headliner vor mehr als 20 000 Menschen auf – zwei Tage bevor sein Album *Liverpool 8* auf den Markt kam. Der Titel spielt nicht nur auf das für die Stadt so erfolgreiche Jahr an, sondern markiert auch den Postbezirk Liverpools, in dem Ringo geboren wurde. Er singt auf dieser gelungenen

Scheibe über die fröhlichen Seeleute und die grauen Fabriken seiner Kindheit, wie er in einem »Butlin's Holiday Camp« mit Rory Storm spielte, anschließend den Rotlicht-Bezirk in Hamburg unsicher machte und schließlich im Shea Stadium von New York endete. Ringo bekennt sich zu seiner Heimatstadt, die er zwar verlassen habe, aber im Herzen immer mit sich trage. Auch auf seiner nächsten Veröffentlichung *Y Not* aus dem Jahr 2010 widmet er einen Song der Metropole am Mersey River. In ›The Other Side Of Liverpool‹ erzählt er zu einem eingängigen Stampfbeat und mit melancholischem Tonfall von den ärmeren Vierteln der Stadt und erinnert sich an seine Mutter, die als Bardame gearbeitet hatte und von ihrem Mann verlassen wurde, als Ringo drei Jahre alt war. Nur »with a little help from my friends« gelang es ihm, seine Kindheit durchzustehen, indem er mit Freunden in den Bombenkratern des Zweiten Weltkriegs Cowboy & Indianer spielte.

Der stark autobiographisch gefärbte Text erinnert auch an Ringos kurzes, abenteuerliches Gastspiel in einer »Teddy-Boy«-Gang seines heimatlichen Stadtviertels Dingle. Schließlich entpuppte sich der Rock 'n' Roll für ihn als willkommenes Fluchtmittel aus den Bandenkriegen der Stadt: »The other side of Liverpool / Is cold and damp / Only way out of there / Drums, guitar and amp.« Ringos Dankeschön an die alten Freunde wird jetzt von neu gewonnener Zuversicht und Selbstsicherheit getragen, nach all den Solo-Jahren hat Ringo sich zu einem veritablen Sänger gemausert. Eine dritte explizite Liverpool-Hommage findet sich auf seinem Album *Ringo 2012*, wo er mit dem Song ›In Liverpool‹ zu den metallischen Gitarrenriffs von

Dave Stewart seine anrührende Erinnerungsreise fortsetzt: »Me and the boys, me and the band / Living our fantasies / Breaking the rules, acting like fools / That's how it was for me.« Wieder einmal hat Ringo auf dieser Scheibe u.a. mit dem legendären Jazzbassisten Charlie Haden, dem Keyboard-Phantasten Van Dyke Parks oder dem Shootingstar an der Stratocaster-Gitarre Kenny Wayne Shepherd überraschende Mitmusiker versammelt, die man bisher gar nicht in Ringos Fokus vermutet hätte. Bei aller bisweilen schunkelhaften Behäbigkeit bleibt der Mann für Überraschungen gut.

Am 29. November 2002 war Ringo zusammen mit Paul McCartney, Eric Clapton und weiteren Heroen in der Londoner Royal Albert Hall aufgetreten. Der Anlass war traurig. Ein Jahr zuvor war George Harrison an seinem langwierigen Krebsleiden gestorben. Zuletzt hatte er als Privatier gelebt, der in sich ruhte und mit Gott und der Welt seinen Frieden gemacht zu haben schien.

Harrison hatte das Ende der Beatles zunächst als Chance begriffen: Seine erste Veröffentlichung nach dem Auseinanderbrechen der Gruppe war das Album *All Things Must Pass* (1970) – das erste Triple-Album der Popgeschichte. Viele der Stücke – eingespielt mit Größen wie Eric Clapton, Ringo Starr, Klaus Voormann und Billy Preston – hatten sich schon zu Beatles-Zeiten in Harrisons Gedächtnis angesammelt, z.B. der Titelsong oder das großartige ›Isn't It A Pity‹. Harrisons suggestive Klage richtet sich hier gegen die Hartherzigkeit der Menschen, die einander ohne mit der Wimper zu zucken das Herz brechen. Gleichzeitig werden sie blind gegenüber den sie umgebenden, einfachen Naturschönheiten. Das Streicherarrangement von

Phil Spector verschmilzt wunderbar mit der wimmernden Slide-Gitarre von George. Dem ganzen Stück liegt ein bedrohlicher Drone-Sound zugrunde, und sein anhaltender Effekt schöpft zum Gutteil aus der immer weiter anschwellenden Repetitionsmechanik des Schlussrefrains.

1970 hatte Harrison auch das palastartige Anwesen Friar Park mit einem riesigen, verwunschenen Garten, unterirdischen Wassergrotten, Geheimgängen und halbverfallenen hochherrschaftlichen Gebäuden erworben. In der Folge entwickelte er sich in dieser Umgebung zu einem beseelten Gärtner und Landschaftsarchitekten.

Schon zu Beatles-Zeiten fand Harrison seine Stärke in östlicher Philosophie, die ihn zu einer Abkehr von materialistischen Ansprüchen, wie beispielsweise möglichst vielen Grundstücken und Autos, Sex-Affären in Hülle und Fülle usw., animierte – denn bei allem Überfluss verspürte George anscheinend innere Leere und Einsamkeit. Er glaubte jetzt an die Existenz einer »universellen Liebe«, von der jede individuelle Liebe nur ein Teil ist: die religiöse und die romantische Liebe. Deshalb wusste man bei Harrison nie ganz genau, ob er jetzt Gott oder eine Frau besingt. Mit Hilfe des Hinduismus konnte er sich aus dem »rat race« der Beatles-Karriere in sein Inneres zurückziehen, und durch Meditation gelang es ihm vor allem, Schmerz zuzulassen. Seine religiösen Überzeugungen halfen ihm, immer weiterzumachen, obwohl er das Leben meist für eine sinnlose Quälerei hielt.

Der Sitar-Virtuose – und eine der wichtigsten Musiker-Persönlichkeiten Indiens – Ravi Shankar wurde für George so etwas wie die Inkarnation der indischen Musik, ja der ganzen indischen Kultur. Durch ihn lernte er eine Art »bewusstseinsverändernde Disziplin« – ganz ohne Drogen! Oder wie Bob Dylan in ›All Along The Watchtower‹ prophetisch bemerkte: »There must be some way out of here.« Im Frühjahr 1971 wurde er von seinem musikalischen Mentor Shankar auf die nach einem verheerenden Wirbelsturm fatale Situation der Menschen in Ost-Pakistan – besser bekannt als Bangladesh – aufmerksam gemacht. Der überzeugte Altruist Harrison erklärte sich sofort bereit, als Frontmann das erste Benefiz-Konzert der Rockgeschichte mit Bob Dylan, Billy Preston, Leon Russel und auch Ringo Starr anzuführen. John Lennon hatte in letzter Minute nach einem Streit mit Yoko Ono abgesagt, sonst wäre es hier zu einer Fast-Beatles-Reunion gekommen. Die Veröffentlichung des Mitschnitts als Film und Dreifach-LP brachte – Jahre vor Live-Aid – immerhin rund 15 Millionen Pfund ein, von denen Harrison schlussendlich eine Million Steuern selbst übernehmen musste. Der Konzerthit ›My Sweet Lord‹ entwickelte sich zu einem Welterfolg und gilt bis heute als Synonym für Harrisons Suche nach reiner Spiritualität. 1976 wurde George übrigens wegen »unbewussten Plagiats« dazu verurteilt, der Band The Chiffons, die mit ihrem Titel ›He's so Fine‹ die melodische Vorlage für ›My Sweet Lord‹ geliefert hatten, 600 000 Dollar Schadenersatz zu zahlen. Auch Delaney Bramlett von Delaney, Bonnie and Friends reklamierte seine Mitautorschaft an ›My Sweet Lord‹.

Die 1970er Jahre waren dennoch eine schwierige Zeit für den stillen Ex-Beatle, er zog sich wegen exzessiven Alkohol- und Drogenkonsums eine schwere Hepatitis zu, während der Musikmarkt in England seine Musik zunehmend zu ignorieren schien. Dazu kam, dass die Ehe mit seiner Frau Pattie Boyd, die er 1964 als 19jährige während der Dreharbeiten des Beatles-Films »A Hard Days Night« kennengelernt und 1966 geheiratet hatte, Mitte der 1970er Jahre vollends in die Brüche ging, nachdem Eric Clapton sich hoffnungslos in die Frau seines Freundes verliebt hatte.

Pattie ist die vielbesungene Muse in Harrisons ›Something‹, einem der hinreißendsten Love-Songs aller Zeiten, in ›I Need You‹, ›For You Blue‹ and ›Isn't It a Pity‹. Die bekannteste Hommage an Boyd liefert jedoch Eric Claptons Sehnsuchtstitel ›Layla‹ (1970), in dem er seinem Schmerz über die unerfüllte Liebe zu Pattie freien Lauf lässt. Doch sie lehnte seine Avancen zunächst ab, mit der Folge, dass Clapton sich für vier Jahre in eine heftige Heroin-Sucht flüchtete, während Pattie weitere fünf Jahre bei Harrison blieb. In der Ehe von Harrison kriselte es aber weiterhin, da Pattie keine Kinder bekommen konnte, die George sich so sehr wünschte. Ausschlaggebend für ihre endgültige Trennung von George aber dürfte Harrisons kurzzeitige Affäre mit Ringos Frau Maureen Starr im Jahr 1974 gewesen sein. Pattie zog mit Clapton zusammen, der ihr zuvor zwei weitere Balladen, ›Wonderful Tonight‹ und ›Bell Bottom Blues‹, gewidmet hatte. Nach vielen Ups and Downs heirateten die beiden im Jahr 1979.

Im Jahr zuvor hatte Harrison sich seinerseits mit Olivia Arias vermählt, der er bis zu seinem Tod die Treue hielt und die die Mutter von Harrisons Sohn Dhani wurde. Bei der Clapton-Hochzeit mit Patti kam es übrigens wieder einmal zur Fast-Beatles-Reunion, als George, Ringo und

Paul sich zu einer Wedding-Jam-Session zusammenfanden. In diesen Jahren war das Verhältnis von George zu John merklich abgekühlt, nicht zuletzt deshalb, weil John in der Harrison-Autobiographie *I Me Mine* so gut wie nicht vorkam. Erst anlässlich der Ermordung seines einstigen Freundes am 8. Dezember 1980 ließ sich George zu der dürren Erklärung bewegen: »Nach allem, was wir gemeinsam durchlebt haben, fühlte und fühle ich eine große Liebe und tiefen Respekt für John Lennon« – gleichwohl zog Harrison eine für den nächsten Tag geplante Studio-Session scheinbar ungerührt durch.

Mit seiner zweiten Frau Olivia verband Harrison nicht zuletzt, dass beide die gleichen Meditationstechniken aus der »TM«, der »Transzendentalen Meditation« praktizierten, die ihn zuerst der Maharishi Mahesh Yogi gelehrt hatte – während Pattie die indische Mystik immer fremd geblieben war. Auch ihr Interesse in Bezug auf Akupunktur und Kräuterkunde teilten George und Olivia jetzt. Fernab aller Frömmelei suchte Harrison die natürliche Ordnung der Dinge und fand im indischen Glaubenssystem seinen Frieden. Dabei war es für ihn in diesem Pantheon leuchtender Gottheiten zunächst nicht einfach, sich zu orientieren. Der Hinduismus ist eine Religion voller interner Konflikte: Es gibt kein Licht ohne Schatten, alles ist ein Kreislauf aus Hell und Dunkel und Schöpfung und Zerstörung, die sich gegenseitig bedingen. Doch gerade das war für Harrison Erleuchtung und Befreiung zugleich. Erst durch diese Meditationserfahrungen konnte er eine Beziehung zu sich selbst aufbauen. Schon 1974 hatte er auf einer UNICEF-Pressekonferenz klar gesagt: »Man kann keine Beziehung zu anderen aufbauen, wenn man keine Beziehung zu sich selbst hat. Wir müssen uns erst selbst finden!« In der Ehe mit Olivia sollte er seinem Ideal der Selbstfindung durch andere am nächsten kommen.

Auch musikalisch musste Harrison sich quasi neu erschaffen. Die fünf zwischen 1975 und 1982 veröffentlichten Solo-Alben schwankten zwischen religiös inspiriertem Prediger-Ton und einer ganz diesseitigen Pop-Prophetie. In seiner 1980 veröffentlichten Autobiographie *I Me Mine* gesteht er: »Ich pflanze Blumen und schau zu, wie sie wachsen. Ich gehe nicht in Clubs und auf Partys. Ich bleibe zu Hause und schaue dem Fluss beim Fließen zu.« Sein Ziel war es, seinem Leben jene Balance zu geben, die er in den hektischen Beatles-Jahren immer vermisst hatte. Es war dieser kontemplative Zug – Bob Dylans ›Watching The River Flow‹ erinnert daran –, der Harrisons »natürliche Frömmigkeit« auszeichnete. Getreu der Devise Gandhis: »Schaffe und bewahre das Image deiner Wahl«, ging es Harrison darum, wieder Kontrolle über sein von irrwitzigem Rummel zerrissenes Leben zu gewinnen. Gleichwohl besuchte er jetzt mit seinem Freund Jackie Stewart liebend gern Formel-1-Rennen. Daneben avancierte George zu einem erfolgreichen Film-Produzenten, der u.a. die Monty-Python-Jesus-Parodie »Life of Brian« mitverantwortete. Bei seinen wenigen Auftritten im TV ließ er sich dann am liebsten von alten Weggefährten wie Carl Perkins oder Eric Clapton begleiten.

Sein Plattencomeback erlebte Harrison 1987 mit dem von Jeff Lynne vom Electric Light Orchestra produzierten, fabelhaften Album *Cloud Nine*. Neben Elton John und Gary Wright waren auch die alten Freunde Ringo und Eric beteiligt. In dem programmatischen Titel ›When We Was

Fab‹ spielt George auf die von Brian Epsteins Pressesprecher Tony Barrow kreierte Formulierung »Fab Four« an und hält Rückschau auf die wilden Tage und Nächte mit den Liverpooler Weggefährten. Er zitiert in dem Lied neben Frank Sinatras ›Strangers In The Night‹, Bob Dylans ›It's All Over Now, Baby Blue‹ und Smokey Robinsons ›You Really Got A Hold On Me‹ auch seine eigene Beatles-Komposition ›Taxman‹. In den USA kletterte ›When We Was Fab‹ in die Top-40.

Doch seinen größten Überraschungscoup landete George im darauffolgenden Jahr als Gründungsmitglied der Pseudonym-All-Star-Band The Traveling Wilburys, zusammen mit Bob Dylan, Roy Orbison, Jeff Lynne und Tom Petty. Dabei war die Band ganz zufällig entstanden: Im Frühjahr 1988 war Lynne in Los Angeles mit Arbeiten an Roy Orbisons Comeback-Album *Mystery Girl* und an Tom Pettys *Full Moon Fever* beschäftigt, als Harrison in die Stadt kam. Bei einem gemeinsamen Abendessen mit Lynne und Orbison erklärte ihnen George, dass er für den nächsten Tag unbedingt ein Aufnahmestudio benötige. Also rief er Bob Dylan an, der in Malibu ein solches besaß. Zufällig hatte Dylan im Haus von Tom Petty auch noch seine Gitarre vergessen, und Harrison versprach, sie ihm mitzubringen. Zugleich lud er Petty, Dylan, Lynne und Orbsion für den nächsten Tag zu einer Jam-Session ins Studio ein. Ebenso zufällig entdeckte George bei dieser Gelegenheit in Dylans Garage einen völlig demolierten Karton mit der nutzlosen Beschriftung »Handle With Care«. In der folgenden Stunde nahm eine Folk-Rock-Komposition Gestalt an, zu der jeder der Beteiligten eine Strophe beisteuerte, die er bei der anschließenden Aufnahme auch selbst sang. Der Schlagzeuger Jim Keltner hatte das Quartett inzwischen komplettiert.

Im warmherzigen Ton bittet Harrison in diesem Lied seine Frau, behutsam mit ihm umzugehen, da ihm das Leben schon mächtig zugesetzt habe. Dann reicht er die Fackel an Orbison weiter, der mit seinem unverwechselbaren Stimmvibrato im Stil von ›Only The Lonely‹ das Lied weiterspinnt. Dylan und Petty singen anschließend im Duett – und es ist genau dieser eigentümliche Kontrast ihrer Stimmen: die eine hell und dünn, die andere rauh und raspelnd, der dem Stück ein weiteres Glanzlicht aufsetzt. Der locker-leichte Session-Charakter der Musik, ihre zwanglose Frische kulminiert im abschließenden Dialog von Harrisons Slide-Gitarre und Dylans unverwechselbarem Mundharmonika-Spiel. Ein Meisterwerk spontaner Gemeinschaftlichkeit war entstanden!

Leider gaben die Traveling Wilburys kein einziges Live-Konzert. Doch 1991 ließ sich der inzwischen bühnenscheue Harrison von seinem Freund Eric Clapton zu einer kurzen Japan-Tournee überreden, auf der er neben seinen größten Songs der Beatles-Ära auch die Erfolge seiner Solo-Jahre überzeugend Revue passieren ließ.

Am Ende des Jahrzehnts wurde Harrison von zwei Schicksalsschlägen heimgesucht: 1997 musste er sich – sein Leben lang ein starker Raucher – ein erstes Mal am Kehlkopf wegen eines Krebsgeschwürs operieren lassen. Als er gerade wieder auf dem Weg der Besserung war, wurden er und seine Frau in der Nacht des 30. Dezember 1999 von einem Einbrecher in Friars Park geweckt – George stürzte sich todesmutig auf den unbekannten jungen Mann, trug allerdings selbst schwere Stichverletzungen durch dessen

Lanze und Messer davon. Erst nachdem Olivia den Einbrecher mit einem Schürhaken niedergeschlagen hatte, ließ der sich endgültig überwältigen. Der an Schizophrenie leidende Attentäter hielt die Beatles für Hexen und fühlte sich – wie er später aussagte – von Gott beauftragt, Harrison zu töten. Im Frühjahr 2000 musste sich der Ex-Beatle dann wegen Krebs-Metastasen in der Lunge erneut operieren lassen, kurze Zeit später wurde auch noch ein Gehirntumor diagnostiziert, an dessen Folgen George am 29. November 2001 um 13.30 Uhr verstarb – friedlich, im Bewusstsein Gottes, ohne Furcht vor dem Tod, im Kreis seiner Familie.

Der Tod des ›sanften Beatle‹ sorgte ein weiteres Mal für einen weltweiten Erinnerungsschub in Sachen des unsterblichen Liverpooler Quartetts. Das so symbolträchtige »Concert for George« im darauffolgenden Jahr, am 29. November 2002, war in dieser Hinsicht Balsam für die immer noch offenen Wunden der Fan-Gemeinde weltweit.

Das ganze widersprüchliche Spektrum von George Harrisons Künstlerpersönlichkeit sollte jetzt anlässlich seines ersten Todestages in einer Memorial-Veranstaltung ausgedeutet werden. Vor Beginn des Konzerts aber war es ein Exponat, was alle Blicke auf sich zog. Harrisons berühmte »Rickenbacker«-Gitarre aus Beatles-Zeiten wurde – einsam angestrahlt – auf der Bühne ausgestellt, der kostbaren Reliquie eines Rock-Heiligen gleich. Darüber hing ein überdimensionales gerahmtes Foto des Geehrten aus den Tagen des Weißen Albums. Zusammen mit den Weihrauchdüften, die durch die Gänge zogen, Blütenblättern auf dem Boden und fernem Glöckchengeklingel musste der Besucher zunächst fürchten, in ein parfümiertes Meditations-Spektakel geraten zu sein. Doch dieser Eindruck verflüchtigte sich sofort, als das »Ravi Shankar Orchestra« unter der Leitung von Anoushka Shankar das Konzert begann. Die von dem zweiundachtzigjährigen Shankar speziell für diesen Anlass geschriebene vierzigminütige Komposition besaß bei aller Feierlichkeit eine solche kommunikative Kraft, dass jeder Anflug von andächtigem Kitsch beim Publikum sofort verschwand. Nicht allein die sangliche Qualität der gleitenden Melodielinien, vor allem die verblüffende Präzision der Zwiegespräche zwischen Tablas und Sitars zog den Zuhörer in das sanft atmende Klanggeschehen hinein. Wesentlichen Anteil an dieser suggestiven Qualität besaß Mohan Vishnu Bhatt – im Westen durch seine Zusammenarbeit mit Ry Cooder bekannt geworden –: Auf seiner seltenen »Mohan Vina«, einer Art Lap-Steel-Sitar-Gitarre, übernahm er immer wieder motivische Leitfunktionen. Das führte dazu, dass sich Eric Clapton, der lebenslange Freund Harrisons und an diesem Abend eine Art Zeremonienmeister, zum ersten Mal in seiner Karriere dazu verführen ließ, auf seiner akustischen Gitarre im Idiom indischer Musik zu improvisieren. Dabei brachen in all den Tondehnungen und Glissandi seine Blues-Erfahrungen immer wieder durch und verliehen dem schwebenden Gestus des Ensemble-Klangs wohltuende Bodenhaftung.

Nach ein paar derben Sketchen des »Monty Python's Flying Circus« – Harrison liebte den anarchisch trockenen Humor der Comedy-Truppe und hatte unter anderem durch die Gründung des Firma »HandMade Films« einige ihrer

Projekte finanziert – begann die ernsthafte Auseinandersetzung mit dem lange unterbewerteten Songschreiber George Harrison. Aus einer Art »Rock 'n' Roll All Star Big Band« mit Clapton, Lynne, Paul McCartney, Ringo Starr, Billy Preston und einem Dutzend weiterer Musiker formten sich verschiedene Besetzungen. Spätestens mit Tom Petty & The Heartbreakers sprang der Funke endgültig über: Die knallharte ›Taxman‹-Version, vor allem aber die Traveling-Wilburys-Nummer ›Handle Me with Care‹ entfachte im Publikum sehnsüchtige Erinnerungen. Als gutgelaunter Springteufel im roten Samtjackett steigerte sich Ringo Starr mit ›Photograph‹ und der Carl-Perkins-Nummer ›Honey Don't‹, einem Lieblingsstück Harrisons, in eine mitreißende Gesangs-Performance hinein. Ironische Schlenker in der Phrasierung, die ungeheuer locker wirkenden Tanzbewegungen: Ringo entpuppt sich als Inkarnation musikalischer Vitalität. Wie belastbar Harrison-Kompositionen sind, wie sie noch in der schrägsten Instrumentierung ihren kontemplativen Charme entfalten, demonstrierte Paul McCartney. Seine Solo-Swing-Version von ›Something‹ mit der akustischen Ukulele – Ringo hatte derweil am Schlagzeug zum Jazzbesen gewechselt – zählte zu den anrührendsten Momenten des Abends.

›While My Guitar Gently Weeps‹, George Harrisons Bekenntnis zur spirituellen Gelassenheit des Gitarristen, entwickelte sich in der Version von Clapton/McCartney zum eigentlichen Glanzpunkt des »Concert for George«. Am Ende des Stücks holt Eric Clapton weit aus: Als wollte er seinen eigenen Gitarrenpart in diesem Klassiker neu erfinden, entfaltet sein Spiel eine betörende Beredsamkeit. Die vokalen Qualitäten seiner melodischen Motive, plötzliche Stotterer auf dem Griffbrett, scharfkantige Splittertöne, die sich dann in sanftem Gleiten über die Saiten in majestätischer Souveränität befrieden, prägten seine lange Solo-Exkursion, die so etwas wie die Summe von Claptons Emphase und Empfindsamkeit enthielt. Während der Organist Billy Preston mit seinem sämigen Soul-Gesang ›My Sweet Lord‹ zur ganz diesseitigen Glaubenshymne umdeutete, wurde im Publikum ein großes Transparent entrollt: »My Sweet George«. Fernab von jedem Mystizismus mag mancher Besucher dieses denkwürdigen Konzerts – wie auch der Autor dieser Zeilen – die Präsenz von Harrison verspürt haben. Seine zweite Frau Olivia brachte am Ende die seltsame Magie des Abends auf den Punkt: »Wenn ich hier meinen Sohn Dhani auf der Bühne beobachte, dann kommt es mir so vor, als würde der junge George dort spielen und als würden wir alle älter – nur er nicht.«

Diesen Eindruck einer fast mythischen Zeitlosigkeit erzeugte auch das parallel zum Konzert veröffentlichte Harrison-Nachlass-Album *Brainwashed* (2002). Es versammelt die vielleicht ausgereifteste Song-Kollektion des Gitarristen und hier selbstbewusst auftretenden Sängers. Schon der gutgelaunt hüpfende Eröffnungstitel ›Any Road‹ offenbart eine magische Slide-Melodie, doch wie ein künftiger Klassiker klingt ›Pisces Fish‹: Der träge dahintreibende Folksong enthält die vielleicht leidenschaftlichste Stimm-Performance Harrisons. Der Refrain löst beim Hörer unwillkürlich eine unbestimmte Wehmut aus: »I'm a Pisces fish and the river runs through my soul«. Auch ›Rising Sun‹ und das Slide-Instrumental ›Marwa Blues‹ sind von sanft gleitender Sehnsucht geprägt. Sein Sohn Dhani und der alte Freund Jeff Lynne geleiten den

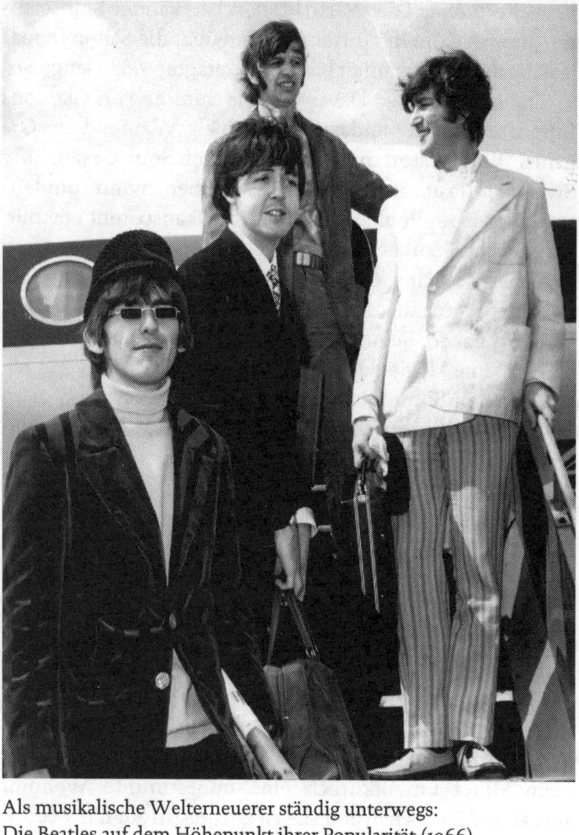

Als musikalische Welterneuerer ständig unterwegs:
Die Beatles auf dem Höhepunkt ihrer Popularität (1966)

späten Harrison durch eine Klanglandschaft der Geborgenheit und eines unerschütterlichen Weltvertrauens. Selbst in dem anklagenden Titelsong ›Brainwashed‹ – in Teilen dem Pink-Floyd-Hit ›We Don't Need No Education‹ von *The Wall* nachempfunden – findet sich Trost im Gottesglauben. Nicht zuletzt enthält das Album mit dem Evergreen ›Between The Devil And The Deep Blue Sea‹ von Harold Arlen aus dem Jahr 1932, der unter anderem auch von dem Jazz-Sänger Cab Calloway aufgenommen worden war, Harrisons Ukulele-Vermächtnis. Schon zu Beatles-Zeiten hatte George sich unsterblich in das kleine viersaitige Instrument verliebt und bei einem Aufenthalt auf Hawaii gleich eine ganze Wagenladung seiner bevorzugten Kamaka-Ukulelen geordert, die er anschließend im Freundeskreis verschenkte. Harrisons Ukulele-Spiel in der Beatles-*Anthology*-DVD-Dokumentation hatte schon 1995 nach der TV-Ausstrahlung in den USA die Verkaufszahlen des kleinen, charmanten Instruments in ungeahnte Höhen schießen lassen.

Es ist beinahe tragisch, dass das stärkste Soloalbum Harrisons erst nach seinem Tod erschien. Doch das Interesse an Harrison ließ nicht nach: Am 8. Dezember 2011 (übrigens dem Todestag von John Lennon) erschien neben einem gleichnamigen Erinnerungsbuch, das Olivia Harrison herausgab, unter dem Titel »Living in the Material World« ein dreieinhalbstündiger Film von Martin Scorsese. Zeitgleich kam das Album *Early Takes Vol. 1* auf den Markt: Es enthält neben Urfassungen von ›My Sweet Lord‹ oder ›All Things Must Pass‹ auch Demo-Versionen von folkloristischen Dylan-Stücken wie ›I'd Have You Any Time‹ und ›Mama You've Been On My Mind‹: Nie zuvor hat Harrisons Stimme eine direktere Eindringlichkeit und Präsenz entfaltet als in diesen Outtakes. Insgesamt wirkt die Marketing-Offensive des Jahres 2011 dann doch wie die liebevolle Hommage an einen zeitlebens unterschätzten Menschen und Musiker.

Schon im November des Jahres 2000 hatte eine Kompilation namens *1* – die Kollektion aller Nummer-eins-Hits der Beatles – der Weltöffentlichkeit klargemacht, dass die Strahlkraft des Liverpooler Quartetts auch nach dreißig Jahren ungebrochen war. Das Album schoss an die Spitze der internationalen Charts, und eine gänzlich neue, junge Generation von Musikliebhabern eignete sich in kompakter Form die Legende der ›Fab Four‹ an. In den Jahren 2004 und 2006 erschienen dann noch die ursprünglich nur in den USA veröffentlichten *Capitol Albums* mit den alten Mono-Aufnahmen von 1964 und 1965 in ungewohnter Kombinatorik und atemberaubender Klangqualität (»full dimensional stereo«). Zum endgültigen Triumph des Mythos aber kam es, als am 9. November 2009 der gesamte Katalog der Studioalben »remastered« in bisher nicht gekannter Soundperfektion erstmals auf CD veröffentlicht wurde und ein Jahr später exklusiv auf iTunes auch als Digital Download zu haben war. Am 9. November 2012 feierten diese 217 remasterten Songs dann auch ihr sehnlichst erwartetes Debüt auf Stereo-Vinyl-Scheiben. Es bleibt ein bitter-süßer Rückblick auf jene unschuldigen Jahre der Popkultur mit ihrem naiven Weltverbesserungsglauben, die von den Beatles wie von keiner anderen Band geprägt wurden. In seinem letzten Interview mit dem *Playboy*, nur eine Woche vor seiner Ermordung im Dezember 1980, hatte auch John Lennon beinahe widerwillig eingestanden: »Na gut, woher der Wind auch geweht haben mag, er hatte auch die Beatles erfasst. Ich will nicht sagen, dass wir die Flaggen auf dem Schiffsmast gewesen wären – der ganze Kahn hat sich bewegt. Vielleicht saßen die Beatles im Ausguck und haben ›Land in Sicht‹ gerufen. Jedenfalls saßen wir alle in demselben verdammten Boot.«

Diskographie

The Beatles

Please Please Me (1963) • *With the Beatles* (1963) • *A Hard Day's Night* (1964) • *Beatles for Sale* (1964) • *Help!* (1965) • *Rubber Soul* (1965) • *Revolver* (1966) • *Sgt. Pepper's Lonely Hearts Club Band* (1967) • *Magical Mystery Tour* (1967) • *The Beatles – The White Album* (1968) • *Yellow Submarine* (1969/99) • *Abbey Road* (1969) • *Let It Be* (1970) • *Past Masters Vol. 1* (1988) • *Past Masters Vol. 2* (1988) • *The Beatles 1962–1966 (Red Album)* (1993) • *The Beatles 1967–1970 (Blue Album)* (1993) • *The Beatles Live at the BBC* (1994) • *Anthology 1* (1995) • *Anthology 2* (1996) • *Anthology 3* (1996) • *1 The Beatles* (2000) • *Let It Be ... Naked* (2003) • *The Capitol Albums Vol. 1* (2004) • *The First U. S. Visit* (CD und DVD, 2004) • *The Capitol Albums Vol. 2* (2006) • *Love* (2006) • *Original Studio-Aufnahmen (Remastered) Box-Set* (2009)

John Lennon

Unfinished Music No. 1: Two Virgins (1968) • *Unfinished Music No. 2: Life with the Lions* (1969) • *The Wedding Album* (1969) • *Live Peace in Toronto* (1969) • *John Lennon / Plastic Ono Band* (1970) • *Imagine* (1971) • *Some Time in New York City* (1972) • *Mind Games* (1973) • *Walls and Bridges* (1974) • *Rock 'n' Roll* (1975) • *Shaved Fish* (1975) • *Double Fantasy* (1980) • *John Lennon Box Set* (1981) • *John Lennon Collection* (1982) • *Milk and Honey* (1984) • *Menlove Avenue* (1986) • *Live in New York City* [1972] (1988) • *Imagine – Original Soundtrack* (1988) • *Lennon* (1990) • *Lennon Legend* (1997) • *Anthology* (4-CD-Box-Set, 1998) • *Wonsaponetime* (1998) • *Bedism* (1999) • *The Legends Collection* (2001) • *Acoustic* (2004) • *Peace, Love & Truth* (2005) • *Working Class Hero – The Definitive Lennon* (2005) • *The U. S. vs. John Lennon – Music from the Motion Picture* (2006) • *Double Fantasy – Stripped Down* (2010)

Paul McCartney

McCartney (1970) • *Ram* (1971) • *Wild Life* (1971) • *Red Rose Speedway* (1973) • *Band on the Run* (1973) • *Venus and Mars* (1975) • *Wings at the Speed of Sound* (1976) • *Wings Over America* (1976) • *Ram (instrumental version – Percy ›Thrills‹ Thrillington)* (1977) • *London Town* (1978) • *Wings Greatest* (1978) • *Back to the Egg* (1979) • *McCartney II* (1980) • *Tug of War* (1982) • *Pipes of Peace* (1983) • *Give My Regards to Broad Street* (1984) • *Press to Play* (1986) • *All the Best* (1987) • *Back in the U.S.S.R.* (1987) • *CHOBA B CCCP – The Russian Album* (1988) • *Flowers in the Dirt* (1989) • *Tripping the Live Fantastic* (1990) • *Unplugged* (1991) • *Paul McCartney's Liverpool Oratorio* (1991) • *Off the Ground* (1993) • *Paul Is Live* (1993) • *Strawberry, Oceans, Ships, Forest (The Fireman)* (1993) • *Flaming Pie* (1997) • *Standing Stone* (1997) • *Rushes (The Fireman)* (1998) • *Run Devil Run* (1999) • *Working Classical* (1999) • *Liverpool Sound Collage* (2000) • *Wingspan* (2001) • *Driving Rain* (2001) • *Back in the U.S.* (2002) • *Back in the World* (2003) • *Chaos and Creation in the Backyard* (2005) • *Twin Freaks* (2005) • *Ecce cor meum* (2006) • *Memory Almost Full* (2007) • *Electric Arguments (The Fireman)* (2008) • *Oceans Kingdom* (2011) • *RAM – Archive Collection Box* (2012) • *Kisses On the Bottom* (2012)

George Harrison

Wonderwall (1968) • *Electronic Sounds* (1969) • *All Things Must Pass* (1970) • *The Concert for Bangla Desh* (1971) • *Living in the Material World* (1973) • *Dark Horse* (1974) • *Extra Texture (Read All About It)* (1975) • *The Best of George Harrison* (1976) • *Thirty Three & 1/3* (1976) • *George Harrison* (1979) • *Somewhere in England* (1981) • *Gone Troppo* (1982) • *Cloud Nine* (1987) • *Best of Dark Horse 1976–1989* (1989) • *The Traveling Wilburys* (1988) • *Traveling Wilburys Vol. 3* (1990) • *Live in Japan* (1992) • *Brainwashed* (2002) • *Living in the Material World – Special Edition* (2006) • *The Travelling Wilburys Collection* (2007) • *Early Takes Vol. 1* (2012)

Ringo Starr

Sentimental Journey (1970) • *Beaucoups of Blues* (1971) • *Ringo* (1973) • *Goodnight Vienna* (1974) • *Blast from Your Past* (1975) • *Ringo's Rotogravure* (1975) • *Ringo the 4th* (1977) • *Scouse the Mouse* (1977) • *Bad Boy* (1978) • *Stop and Smell the Roses* (1981) • *Old Wave* (1983) • *Starr Struck* (1989) • *Ringo Starr and His All Starr Band* (1989) • *Time Takes Time* (1992) • *Live from Montreux* (1992) • *Ringo Starr and His Third All Starr Band* (1997) • *Storyteller* (1997) • *Vertical Man* (1998) • *I Wanna Be Santa Claus* (1999) • *The Anthology … So Far* (3-CD-Box, 2001) • *Extended Versions* (2003) • *Ringo Rama* (2003) • *Tour 2003* (2004) • *Choose Love* (2005) • *Ringo Starr and Friends* (2006) • *Liverpool 8* (2008) • *Y Not* (2010) • *Ringo 2012* (2012)

Literaturhinweise

Werke

The Beatles: Anthology. Übers. von Giovanni Bandini. München 2000.
Lennon, John: In His Own Write. London 1964.
Lennon, John: A Spaniard in the Works. London 1965.
Lennon, John: Skywriting by Word of Mouth. London 1986.
Lennon, John: The John Lennon Letters – Erinnerungen in Briefen. Hrsg. v. Hunter Davies, München/Zürich 2012.
McCartney, Paul: Blackbird Singing. Poems and Lyrics 1965–1999. London 2002.
Starr Ringo: Postcards from the Boys. Berlin 2005.

Bibliographien, Diskographien und Verzeichnisse

Badman, Keith: The Beatles: Off the Record. London 2000.
Badman, Keith: The Beatles Years. Vol. 2: After the Break-Up, 1970–2001. London 2001.
Bedford, David: Liddypool – Birthplace of the Beatles (2nd Edition). Deerfield, Illinois, USA, 2011.
Blaney, John: John Lennon – Listen to This Book. Guildford 2005.
Doggett, Peter: The Art & Music of John Lennon. London 2005.
Du Noyer, Paul: Whatever Gets You Through the Night. New York 1999.
Harry, Bill: The Ultimate Beatles Encyclopedia. London 1992.
– The John Lennon Encyclopedia. London 2000.
– The Paul McCartney Encyclopedia. London 2002.
– The Ringo Starr Encyclopedia. London 2004.
Jackson, Andrew Grant: Still The Greatest – The Essential Songs of The Beatles' Solo Careers. Plymouth 2012.
Lewisohn, Mark: The Complete Beatles Recording Sessions. London 1988.
– The Complete Beatles Chronicle. London 1996.

MacDonald, Ian: The Beatles – Das Song-Lexikon. Übers. von Corinna Steinbach. Kassel 2000.
Miles, Barry: The Beatles: A Diary. London 2002.
Moers, Rainer [u. a.]: Die Beatles. Geschichte und Chronologie. Hamburg 2000.
Robertson, John: The Art and Music of John Lennon. London 1990.
Turner, Steve: A Hard Day's Write. The Beatles – Die Geschichte zu jedem Song. Übers. von Wieland Ulrichs. Schlüchtern 2002.
Winn, John C.: Way Beyond Compare. The Beatles' Recorded Legacy. Vol. 1: 1957–1965. Sharon (Vermont) 2003.
– Lifting Latches. The Beatles' Recorded Legacy. Vol. 3: Inside the Beatles Vaults. Sharon (Vermont) 2005.
– Beatlemania – An Illustrated Discography. Vol. 1. Sharon (Vermont) 2006.

Literatur über die Beatles

Ashley, John: Why Don't We Do It in the Road – The Beatles Phenomenon. New York 2006.
Bardola, Nicola: Yoko Ono – Die Biographie, München 2012.
Barrow, Tony: John, Paul, George, Ringo & Me. London 2005.
Benson, Ross: Paul McCartney – The Man Behind the Myth. London 1992.
Clayson, Alan: The Beatles Box. 3 Bde. London 2003.
Coleman, Ray: John W. Lennon – Eine Biographie. Übers. von Uschi Gnade und Kirsten Borchardt. Höfen 2000.
Davies, Hunter: The Beatles – A Hard Day's Night. Übers. von Werner von Grünau und Peter Hiess. Andrä-Wördern 1994.
Doggett, Peter: You Never Give Me Your Money – The Battle for the Soul of The Beatles, London 2009.
Fascher, Horst: Let The Good Times Roll! Frankfurt a. M. 2006.
Fine, Jason (Hrsg.): Harrison. Übers. von Martin Baltes und Manfred Poser. Zürich 2002.
Giuliano, Geoffrey / Avalon, Giuliano: Revolver – The Secret History of the Beatles. London 2005.

Goldman, Albert: The Lives of John Lennon. London 1988.
Harrison, Olivia: George Harrison – Living In The Material World. München 2011.
Henke, James: John Lennon – Die Legende. Übers. von Christian Kennerknecht. München 2003.
Hertsgaard, Mark: The Beatles – Die Geschichte ihrer Musik. Übers. von Willi Winkler. München 1995.
Howlett, Kevin / Lewisohn, Mark: In My Life – John Lennon Remembered. London 1990.
Ingham, Chris: The Rough Guide to The Beatles (2nd Edition). London 2006.
Jackson, John Wyse: We All Want to Change the World. London 2005.
Kemper, Peter [u.a.] (Hrsg.): Alles so schön bunt hier. Die Geschichte der Popkultur von den Fünfzigern bis heute. Stuttgart 1999.
Kemper, Peter (Hrsg.): Rock-Klassiker. 3 Bde. Stuttgart 2003.
– John Lennon – Leben, Werk, Wirkung. Frankfurt a. M. 2007.
Kozinn, Allan: The Beatles. London 1995.
Krüger, Ulf: Star Club – Der bekannteste Beat-Club der Welt. Höfen 2010.
Leigh, Spencer: The Beatles in Hamburg – Der Beginn einer Ära. Hamburg 2011.
Leng, Simon: While My Guitar Gently Weeps. The Music of George Harrison. London 2003.
Lennon, Cynthia: John. Übers. von Christian Kennerknecht und Andrea Ott. München 2005.
MacDonald, Ian: Revolution In The Head – The Beatles' Records and The Sixties (2nd revised Edition). London 2005.
Martin, George / Pearson, William: Summer of Love! Wie Sgt. Pepper entstand. Übers. von Ulrike Seeberger und Frank Jankowski. Berlin 1997.
McCartney, Linda: Die 60er Jahre. Porträt einer Ära. Übers. von Carla Blesgen. München/Paris/London 1993.
Miles, Barry: McCartney – Many Years from Now. Übers. von Carl-Ludwig Reichert und Fritz Schneider. Reinbek 1998.

Norman, Philip: Shout! The Beatles In Their Generation. New York 2005.
– John Lennon – Die Biographie. München 2008.
Ono, Yoko: Grapefruit – A Book of Instructions and Drawings. New York 2000.
– (Hrsg.): Erinnerungen an John Lennon. Übers. von David Alleckna. Berlin 2005.
Sheff, David: Last Interview – All We Are Saying. John Lennon & Yoko Ono. London 2001.
Spitz, Bob: The Beatles – The Biography. New York 2005.
Voormann, Klaus: »Warum spielst du Imagine nicht auf dem weißen Klavier, John«. München [2]2003.
Wenner, Jann S.: John Lennon und die Beatles. Das legendäre *Rolling Stone*-Interview »Lennon Remembers«. Übers. von Ralf Brunkow. Höfen 2002.
Wiener, Jon: Come Together. John Lennon in His Time. New York 1984.
Womack, Kenneth: The Cambridge Companion to The Beatles. Cambridge 2009.

Personenregister

Namen werden so angeführt, wie sie im Text erscheinen; sprechende Pseudonyme werden wie Eigennamen behandelt (Buddy Holly). Nicht verzeichnet: die Eigennamen der Beatles.

Abbildungsnachweis